Bernd Ganser (Hrsg.)
Sibylle Schüller

Wochenplan! *Deutsch*
Sprachförderung und Lesen

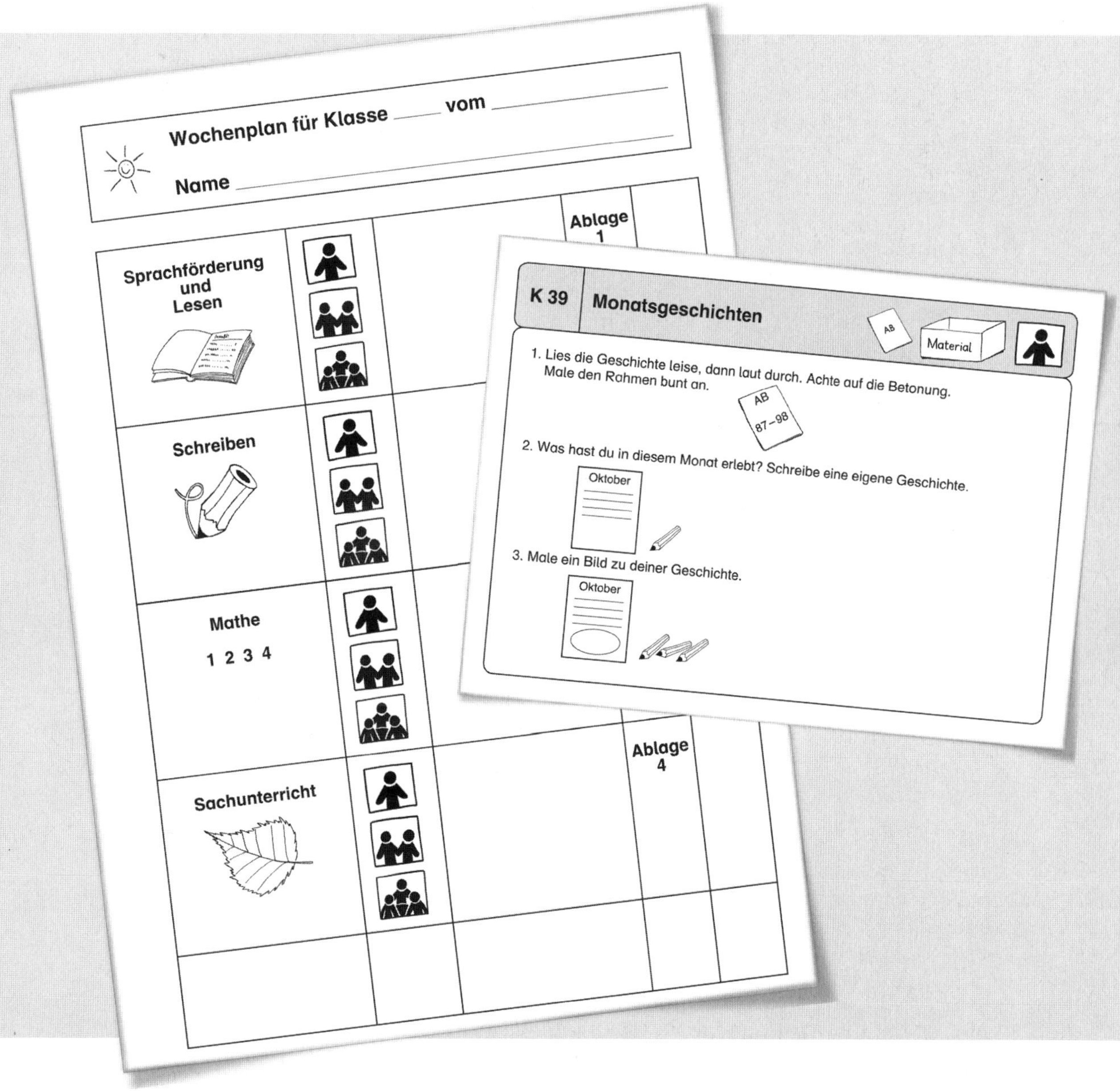

Auer Verlag

Zeichenerklärung

 Einzelarbeit

 Lesen

 Partnerarbeit

 Schreiben / Malen

 Gruppenarbeit

 Schneiden

 Block oder Heft

 Spielen

 Arbeitsblatt / Kopiervorlage

 Zusatzaufgabe für schnelle Kinder

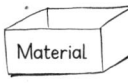 In einer Schachtel finden sich alle für den Auftrag nötigen Materialien (Kleber, Schere …)

 Nachspuren / Zeigen

Gedruckt auf umweltbewusst gefertigtem, chlorfrei gebleichtem und alterungsbeständigem Papier.

2. Auflage 2011
Nach den seit 2006 amtlich gültigen Regelungen der Rechtschreibung
© Auer Verlag
AAP Lehrerfachverlage GmbH, Donauwörth
Alle Rechte vorbehalten
Das Werk und seine Teile sind urheberrechtlich geschützt. Jede Nutzung in anderen als den gesetzlich zugelassenen Fällen bedarf der vorherigen schriftlichen Einwilligung des Verlages. Hinweis zu § 52 a UrhG: Weder das Werk noch seine Teile dürfen ohne eine solche Einwilligung eingescannt und in ein Netzwerk eingestellt werden. Dies gilt auch für Intranets von Schulen und sonstigen Bildungseinrichtungen.
Illustrationen: Julia Flasche
Satz: fotosatz griesheim GmbH
Druck und Bindung: Franz X. Stückle Druck und Verlag, Ettenheim
ISBN 978-3-403-**06577**-7

www.auer-verlag.de

Inhalt

So arbeite ich mit diesem Buch 6

Vorlage Wochenplan 7

Tore pusten 8
Basale Prozesse: Die Mundmotorik trainieren 8
Förderziele/Material/Vorbereitung 8
Karteikarte K 1 8

Krumme Zunge in der Dose 9
Basale Prozesse: Die Mundmotorik trainieren 9
Förderziele/Material/Vorbereitung 10
Karteikarte K 2 10
Kopiervorlage KV 1 8

Mein Fernrohr 11
Basale Prozesse: Die Augenmotorik trainieren 11
Förderziele/Material/Vorbereitung 11
Karteikarte K 3 11
Kopiervorlage KV 2 12

Labyrinthe und Irrgärten 13
Basale Prozesse: Die Augenmotorik trainieren 13
Förderziele/Material/Vorbereitung 13
Karteikarte K 4 13
Kopiervorlagen KV 3–4 14

Buchstabensuppe 16
Phonem-Graphem-Bezug 16
Förderziele/Material/Vorbereitung 16
Karteikarte K 5 16
Kopiervorlage KV 5 17

In der Zeitung lesen 18
Wortaufbau/Wortanalyse 18
Förderziele/Material/Vorbereitung 18
Karteikarte K 6 18
Kopiervorlage KV 6 19

Silbengitter: Chinesisch lesen 20
Wortaufbau/Wortanalyse 20
Förderziele/Material/Vorbereitung 20
Karteikarte K 7 20
Kopiervorlage K 7 21

Silbengitter: Chinesisch lesen 2 (Matrix) 22
Pseudowörter 22
Förderziele/Material/Vorbereitung 22
Karteikarte 8 22
Kopiervorlage KV 8 23

Leckere Silbenbonbons essen 24
Wortaufbau/Wortanalyse 24
Förderziele/Material/Vorbereitung 24
Karteikarte K 9 24
Kopiervorlagen KV 9–11 25

Robotersprache 28
Silbengliederung 28
Förderziele/Material/Vorbereitung 28
Karteikarte K 10 28
Kopiervorlagen KV 12–13 29

Tolle Blumenketten 31
Silbengliederung 31
Förderziele/Material/Vorbereitung 31
Karteikarte K 11 31
Kopiervorlage KV 14 32

Lesewolken 33
Silbengliederung 33
Förderziele/Material/Vorbereitung 33
Karteikarte K 12 33
Kopiervorlagen KV 15–16 34

Schau genau und lies genau! 36
Lesegenauigkeit 36
Förderziele/Material/Vorbereitung 36
Karteikarte K 13 36
Kopiervorlagen KV 17–18 37

Freche Reime 39
Ähnliche Wörter finden 39
Förderziele/Material/Vorbereitung 39
Karteikarte K 14 39
Kopiervorlagen KV 19–21 40

Wörterrennbahn 43
Lesegenauigkeit 43
Förderziele/Material/Vorbereitung
Karteikarte K 15 43
Kopiervorlagen KV 22–24 44

Schlangenwörter und Raupensätze 47
Wortgrenzen beachten 47
Förderziele/Material/Vorbereitung 47
Karteikarte K 16 47
Kopiervorlagen KV 25–27 48

Lesequadrate 51
Lesegenauigkeit 51
Förderziele/Material/Vorbereitung 51
Karteikarte K 17 51
Kopiervorlagen KV 28–30 52

Versteckte Wörter 55
  Lesegenauigkeit 55
  Förderziele/Material/Vorbereitung 55
  Karteikarte K 18 55
  Kopiervorlagen KV 31–32 56

Ganz genau lesen/Wörter im Wort 58
  Lesegenauigkeit 58
  Förderziele/Material/Vorbereitung 58
  Karteikarte K 19 58
  Kopiervorlagen KV 33–34 59

„Tauschwörter – Wauschtörter" 61
  Worterkennung 61
  Förderziele/Material/Vorbereitung 61
  Karteikarte K 20 61
  Kopiervorlagen KV 35–37 62

Kleine Spiegelei 65
  Lesetempo steigern 65
  Förderziele/Material/Vorbereitung 65
  Karteikarte K 21 65
  Kopiervorlagen KV 38–40 66

Blitzlesen 69
  Kurzwörter/Wortpaare 69
  Förderziele/Material/Vorbereitung 69
  Karteikarte K 22 69
  Kopiervorlagen KV 41–44 70

Lesetürme 74
  Lesetempo steigern 74
  Förderziele/Material/Vorbereitung 74
  Karteikarte K 23 74
  Kopiervorlagen KV 45–47 75

Kuchen-, Bäume-, Regenwörter 78
  Signalgruppen 78
  Förderziele/Material/Vorbereitung 78
  Karteikarte K 24 78
  Kopiervorlagen KV 48–51 79

Leseberge 83
  Überschauendes Lesen 83
  Förderziele/Material/Vorbereitung 83
  Karteikarte K 25 83
  Kopiervorlagen KV 52–55 84

Wortpyramiden 88
  Blickspanne erweitern 88
  Förderziele/Material/Vorbereitung 88
  Karteikarte K 26 88
  Kopiervorlagen KV 56–58 89

Lesetreppen steigen 92
  Überschauendes Lesen 92
  Förderziele/Material/Vorbereitung 92
  Karteikarte K 27 92
  Kopiervorlagen KV 59–62 93

Leserollen 97
  Blickspanne erweitern 97
  Förderziele/Material/Vorbereitung 97
  Karteikarte K 28 97
  Kopiervorlagen KV 63–65 98

Die Käferjagd 101
  Blickspanne erweitern 101
  Förderziele/Material/Vorbereitung 101
  Karteikarte K 29 101
  Kopiervorlagen KV 66–67 102

Das Froschspiel mit Bewegung 104
  Sätze erlesen 104
  Förderziele/Material/Vorbereitung 104
  Karteikarte K 30 104
  Kopiervorlagen KV 68–70 105

Leseräder 108
  Sicheres Lesen 108
  Förderziele/Material/Vorbereitung 108
  Karteikarte K 31 108
  Kopiervorlagen KV 71–73 109

Halbe Sätze 112
  Sätze 112
  Förderziele/Material/Vorbereitung 112
  Karteikarte K 32 112
  Kopiervorlagen KV 74–76 113

Lesekarten ziehen 116
  Sicheres Lesen 116
  Förderziele/Material/Vorbereitung 116
  Karteikarte K 33 116
  Kopiervorlage KV 77 117

Lieber Würfel, sage mir 118
  Sicheres Lesen 118
  Förderziele/Material/Vorbereitung 118
  Karteikarte K 34 118
  Kopiervorlage KV 78 119

Lesescheiben 120
  Sicheres Lesen 120
  Förderziele/Material/Vorbereitung 120
  Karteikarte K 35 120
  Kopiervorlagen KV 79–80 121

Kartenduos	123	**Tiergeschichten-Memory**	128
Sätze	123	Kurze Texte	128
Förderziele/Material/Vorbereitung	123	Förderziele/Material/Vorbereitung	128
Karteikarte K 36	123	Karteikarte K 38	128
Kopiervorlagen KV 81–82	124	Kopiervorlagen KV 84–86	129
Schränke voller Leserätsel	126	**Monatsgeschichten**	132
Lesefertigkeit	126	Lesefertigkeit/ Freies Schreiben	132
Förderziele/Material/Vorbereitung	126	Förderziele/Material/Vorbereitung	132
Karteikarte 37	126	Karteikarte K 39	132
Kopiervorlage KV 83	127	Kopiervorlagen KV 87–98	133

Zuordnung der 39 Bausteine zu den Förderbereichen

Bereiche	Karteikarte (Seite im Buch)
Basale Prozesse	K 1 (8), K 2 (9), K 3 (11), K 4 (13)
Wortaufbau/Wortanalyse	K 5 (16), K 6 (K 18), K 7 (20), K 8 (22), K 9 (24), K 10 (28), K 11 (31), K 12 (33), K 14 (39), K 16 (47)
Lesegenauigkeit	K 13 (36), K 15 (43), K 16 (47), K 17 (51), K 18 (55), K 19 (58)
Lesetempo	K 20 (61), K 21 (65), K 22 (69), K 23 (74), K 24 (78), K 25 (83), K 26 (88), K 27 (92), K 28 (97), K 29 (101), K 30 (104)
Lesesicherheit	K 31 (108), K 32 (112), K 33 (116), K 34 (118), K 35 (120), K 36 (123), K 37 (126), K 38 (128), K 39 (132)

So arbeite ich mit diesem Buch

Sprach- und Lesekompetenz hängen eng mit schulischem und beruflichem Erfolg zusammen.
Als kulturelle Grundfertigkeit ist die **Lesekompetenz** unabdingbare Voraussetzung für **selbstständiges Lernen** in allen schulischen und außerschulischen Bereichen und wird neben der Sprachkompetenz auch als Schlüsselkompetenz für die Teilnahme am gesellschaftlichen und kulturellen Leben gesehen.

Von der Lehrkraft wird stillschweigend erwartet, im Unterricht problemlos mit einer zunehmend **heterogenen Schülerschaft** zurechtzukommen. Dies kann im Lern- und Leistungsbereich nur durch eine passgenaue **individuelle Förderung** gelingen. Dazu eignet sich die **Wochenplanarbeit** in hervorragender Weise. Die Schüler erhalten zu Wochenbeginn einen Plan, auf dem **individuell zusammengestellte Aufgaben** aus den verschiedenen Fächern mit ihren Lerninhalten aufgelistet sind. Diese Aufträge werden von den Schülern im Laufe der Woche selbstverantwortlich erledigt und meist durch Selbstkontrolle überprüft.

Dieser Begleiter zur gezielten Förderung der Sprachkompetenz und des Lesens enthält **39 Bausteine in Form von Karteikarten** und **98 Kopiervorlagen** zum gezielten Einsatz für die **Förderung der Lese- und Sprachkompetenz.**

Sämtliche Bausteine können im Rahmen der Wochenplanarbeit **unabhängig** voneinander bearbeitet werden.
Sie sind auch alle nach einer **durchgehenden Struktur** aufgebaut:

- Förderziele
- benötigte Materialien
- Vorarbeit des Lehrers / Erarbeitung durch die Kinder
- Tipps

Einfach die **Karteikarten** entsprechend der fünf Förderbereiche (Seite 5) auf verschiedenfarbigen Karton **kopieren**, laminieren, die **Lösungskartei** erstellen, entsprechende Bausteine in die Blankovorlage (Seite 7) des **Wochenplans** eintragen, die Sozialformen ankreuzen bzw. kennzeichnen, die erforderlichen **Kopiervorlagen** bereitstellen und **los geht's!** Sie haben so Stoff **für ein ganzes Schuljahr!**

Am Ende des Buches finden Sie sämtliche **Lösungen der Kopiervorlagen.** Sie können daraus entweder eine Lösungskartei erstellen oder einzelne Lösungen jeweils auf die Rückseite der entsprechenden Karteikarte kopieren.

Übrigens eignet sich die Kartei in Verbindung mit den Kopiervorlagen, unabhängig von der Wochenplanarbeit, auch hervorragend zur **Gestaltung von Förderunterricht** und für **zusätzliche häusliche Übungen**.

Viel Freude und Erfolg beim Arbeiten mit diesem Buch!

 Wochenplan für Klasse _____ vom _____

Name _____

Sprachförderung und Lesen			Ablage 1	
Schreiben			Ablage 2	
Mathe 1 2 3 4			Ablage 3	
Sachunterricht			Ablage 4	

Basale Prozesse: Die Mundmotorik trainieren
Torepusten

Förderziele
- Schüler sollen die Tonusausdifferenzierung im Mund- und Lippenbereich durch verschiedene Materialien erleben.
- Schüler sollen die Sprechmuskulatur kräftigen, die Mundmotorik verbessern, bewusst spüren und dosiert einsetzen.
- Schüler sollen das Zusammenspiel von Auge und Mund trainieren.
- Schüler sollen Punktwerte im mathematischen Sinn ermitteln.
- Schüler sollen Sozialkompetenz in Zusammenarbeit mit einem Partner anbahnen.

Materialien
- 1 großer Schuhkarton
- 1 Schere
- 1 Filzstift und Blatt Papier oder Block
- Alubällchen, Tischtennisball, Feder, Styroporkugel, Holzkugel, Murmel …
- Selbstklebende Notizzettel zum Beschriften

Vorarbeit des Lehrers/Erarbeitung durch die Kinder
Die Schüler arbeiten in Partner- bzw. Gruppenarbeit. Sie schneiden 2–4 verschieden große Öffnungen in die Längsseite des Schuhkartons. Nun schreiben sie die Punktwerte über jeden Ausschnitt (Tore).
Sie blasen nun verschiedene Bälle oder eine Feder in die Tore. Dabei versuchen sie, einen vorher vereinbarten Punktwert durch bestimmte Torwahl zu erreichen.

Tipp: Ein schneller Austausch der Punktwerte ist möglich, wenn selbstklebende Notizzettel mit verschiedenen Zahlenwerten beschriftet werden.

| K 1 | Torepusten | 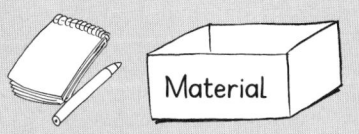   |

1.

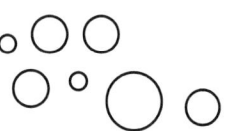 

2. Blast verschiedene Kugeln in die Tore. Wer hat die höchste Punktzahl? Spielt mehrere Runden.

3. Schafft ihr es, mit 2 oder 3 Kugeln eine bestimmte Zahl zu erreichen? Probiert es aus.

Zahl 6: Tor 2 + Tor 4

Notiert alle Zahlen auf dem Block und zählt sie zusammen.

Tipp: Beschriftet Notizzettel mit anderen Zahlen und klebt sie auf die Schachtel. Und weiter geht das Spiel.

Basale Prozesse: Mundmotorik

Krumme Zunge in der Dose

Förderziele
- Schüler sollen die Zungenbrecher lesen, vorlesen und nachsprechen können.
  Schüler sollen die Artikulation vor dem Spiegel betrachten und die Mundmotorik bewusst erleben.
- Schüler sollen dem Partner sprechrhythmisch und moduliert vortragen.
  Schüler sollen die Konzentration beim Lesen und genauen Sprechen aufrechterhalten.
- Schüler sollen die Merkfähigkeit trainieren.
  Schüler sollen den Zahlbegriff sichern.

Material
- KV 1, S. 10
- 1 Handspiegel oder Wandspiegel
- 1 Blatt Papier
- 1 Bleistift, 1 Schere, 1 Würfel

Vorarbeit des Lehrers / Erarbeitung durch die Kinder
Besprechen Sie vorab den Begriff „Zungenbrecher" mit den Kindern, tragen Sie gemeinsam bekannte Zungenbrecher an der Tafel zusammen. Bringen Sie Zungenbrecher ein (KV 1, S. 10), die Kinder kennen sicherlich weitere. Sprechen Sie sie gemeinsam in verschiedenen Modulationsformen: leise, laut, im Flüsterton … Klatschen Sie Verse silbenrhythmisch und sprechen Sie dazu.
Stellen Sie den Kindern Handspiegel zur Verfügung, sie können so ihre Mundmotorik beim Sprechen beobachten.

K 2 — Krumme Zunge in der Dose

1. = Zungenbrecher 1, Zungenbrecher 2, Zungenbrecher 3 usw. lesen und an der Linie zerschneiden.

2. 3 + 3 + 4 = 10

4. Zungenbrecher 10 suchen, lesen oder auswendig vorsagen. Noch einmal würfeln und den nächsten Zungenbrecher suchen.

5. Zungenbrecher 1–15 in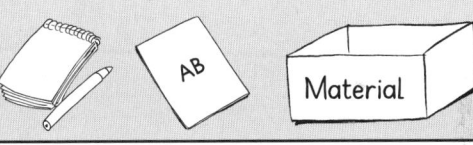

Lies jeden Tag einen Zungenbrecher vor.

Tipp: Frage andere Kinder, deine Eltern, Oma und Opa nach neuen Zungenbrechern.

Krumme Zunge – Zungenbrecher

1. Wenn viele Fliegen hinter Fliegen fliegen, fliegen viele Fliegen hinter Fliegen her.

2. Der Dachdecker deckt die Dächer, die Dächer deckt der Dachdecker.

3. Schneiderschere schneidet scharf, scharf schneidet Schneiderschere.

4. Fischers Fritz fischt frische Fische, frische Fische fischt Fischers Fritz.

5. Borstenbürsten bürsten besser, besser bürsten Borstenbürsten.

6. Violett steht recht nett, recht nett steht violett.

7. Wachsmaske – Messwechsel – Messwechsel – Wachsmaske.

8. Blaukraut bleibt Blaukraut und Brautkleid bleibt Brautkleid.

9. Schneiders kleine Schere schneidet scharf, schärfer schneidet Schneiders große Schere.

10. Ein Tausendfüßler flitzt flink durch eine flache Pfütze. Durch eine flache Pfütze flitzt flink ein Tausendfüßler mit seinen tausend Füßen.

11. Eine Katze zerkratzt mit ihrer Tatze die Matratze. Die Matratze zerkratzt die Katze mit ihrer Tatze.

12. Auf dem Türmchen sitzt ein Würmchen, mit dem Schirmchen unterm Ärmchen. Kommt ein Stürmchen, wirft das Würmchen von dem Türmchen.

13. Zwei zischende Schlangen sitzen zwischen zwei spitzen Steinen. Zwischen zwei spitzen Steinen sitzen zwei zischende Schlangen.

14. In Klagenfurt klappern die Klapperstörche, klipp, klapp, klapp. Klipp, klapp, klapp, klappern die Klapperstörche in Klagenfurt.

15. Zehn Ziegen zogen zwei Zentner Zucker zum Zoo.

Basale Prozesse: Die Augenmotorik trainieren
Mein Fernrohr

Förderziele
- Schüler sollen Suchübungen durchführen können und dabei ihre Augenmotorik bewusst einsetzen.
- Schüler sollen das Nah- und Fernsehen nachhaltig erleben, den Blick fixieren; die Figur-Grund-Wahrnehmung schulen.
- Schüler sollen die Augenmuskeln und die Links-Rechts-Augenbewegungen (Leserichtung) trainieren.

Material
- KV 2, S. 12
- 1 leere Küchenpapierrolle pro Kind
- Beliebige Anzahl kleinerer Gegenstände/Dinge
- 1 Blatt Papier der Größe DIN A4
- 1 Schere
- Suchmasken

Vorarbeit des Lehrers/Erarbeitung durch die Kinder
Die Kinder gehen in Partnerarbeit zusammen. Sie malen die leere Küchenpapierrolle bunt an und führen mit ihr Suchübungen im Raum durch: a) in freier Form b) auf Anweisung des Partners. Sie visieren Gegenstände an, finden und benennen sie.
Die Kinder spielen in Partnerarbeit oder in einer größeren Runde „Ich sehe was, was du nicht siehst".

Tipp: Suchmaske basteln: Ein Blatt Papier mittig knicken, ein Loch durchschneiden, Maske über KV 12 legen, von links nach rechts schieben.

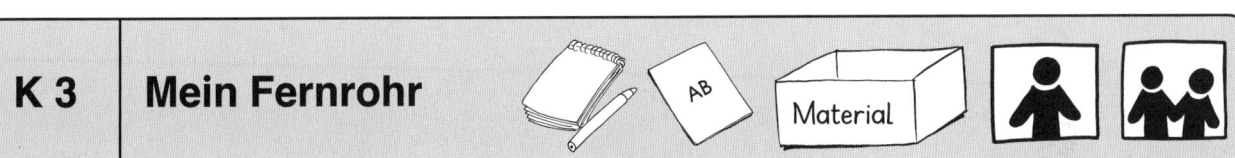

 Nimm dir ein Fernrohr. Male es bunt an.

2. Schau durch das Fernrohr. Was kannst du alles entdecken? Stelle deinem Partner Suchaufträge. Wechselt euch ab.

3. Spielt gemeinsam „Ich sehe was, was du nicht siehst" mit dem

 4. Löse das Arbeitsblatt mit der Maske.

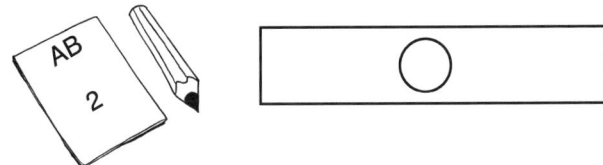

Von links nach rechts lesen üben

Nenne die Bilder, Zahlen, Buchstaben und lies die Wörter der Reihe nach von links nach rechts.

     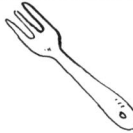 

| 3 | 2 | 9 | 5 | 8 | 10 | 0 |

| m | N | d | h | F | B | S |

| Tor | Hund | Haus | Turm | Ofen | fein | Koffer |

Basale Prozesse: Die Augenmotorik trainieren
Labyrinthe und Irrgärten

Förderziele
- Schüler sollen die Augenbewegungen bewusst wahrnehmen, Ziele anvisieren, dabei mit einem Stift die Auge-Hand-Koordination üben.
- Schüler sollen durch die Sucharbeit konzentrationsfördernd arbeiten.
- Schüler sollen Wörter lesen und sie aufschreiben.

Material
- KV 3–4, S. 14–15, vergrößert auf 141 %
- Wollreste, verschiedenfarbig
- 1 Blatt Papier
- 1 kleiner Gegenstand als Zielfigur, z. B. eine Muschel, ein Steinchen ...
- 1 Bleistift oder 1 Buntstift
- Leeres Papier, am besten in DIN A3

Vorarbeit des Lehrers / Erarbeitung durch die Kinder
Legen Sie gemeinsam mit den Kindern Wollfäden auf dem Boden oder Tisch zu einem Labyrinth. Am Ende des Fadens markieren Sie das Ziel mit einer Muschel oder einem Stein. Diese Übung kann auch von den Kindern in Partnerarbeit ohne Sie ausgeführt werden.
Die Kinder verfolgen mit den Augen den Verlauf der Wollschnüre bis zur Zielfigur.
Zur Differenzierung führen Sie diese Übung mit gleichfarbigen Wollfäden durch.
Für die weiteren Aufgabenstellungen im Wochenplan vergrößern Sie die oben genannten Kopiervorlagen 3 und 4. Die Schüler sollen diese selbstständig bearbeiten und dann mit einem Partner eigene Irrgärten entwerfen.

| K 4 | **Labyrinthe und Irrgärten** 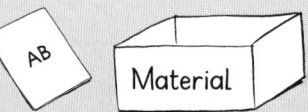   |

 1. Legt mit bunten Wollfäden ein Labyrinth und verfolgt die Schnüre mit den Augen bis zum Ziel.

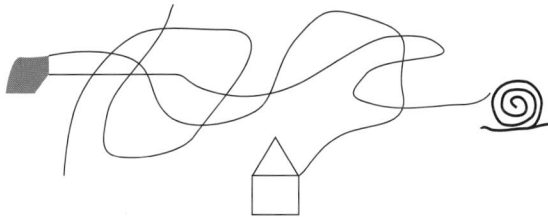

2. Legt auch Labyrinthe mit gleichfarbigen Wollschnüren.

3.

 4. Könnt ihr eigene Labyrinthe entwickeln?
Malt sie auf.

Drache Kuno und die Geburtstagsparty

Drache Kuno ist auf der Geburtstagsfeier seines Freundes Zwerg Bert eingeladen. Er ist spät dran. Zeige ihm den richtigen Weg.

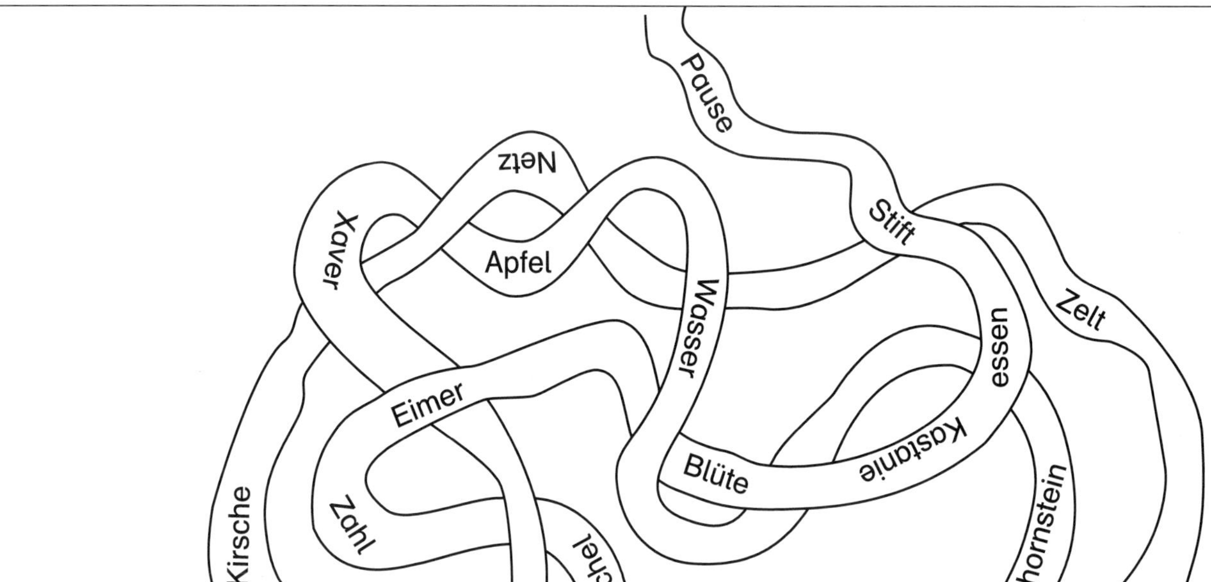

Welcher Weg führt zum Schiff?

Verfolge die verschiedenen Wege: zuerst mit den Augen, dann mit dem Finger. Welcher Weg führt zum Schiff? Lass dich nicht von den Wörtern im Labyrinth ablenken.

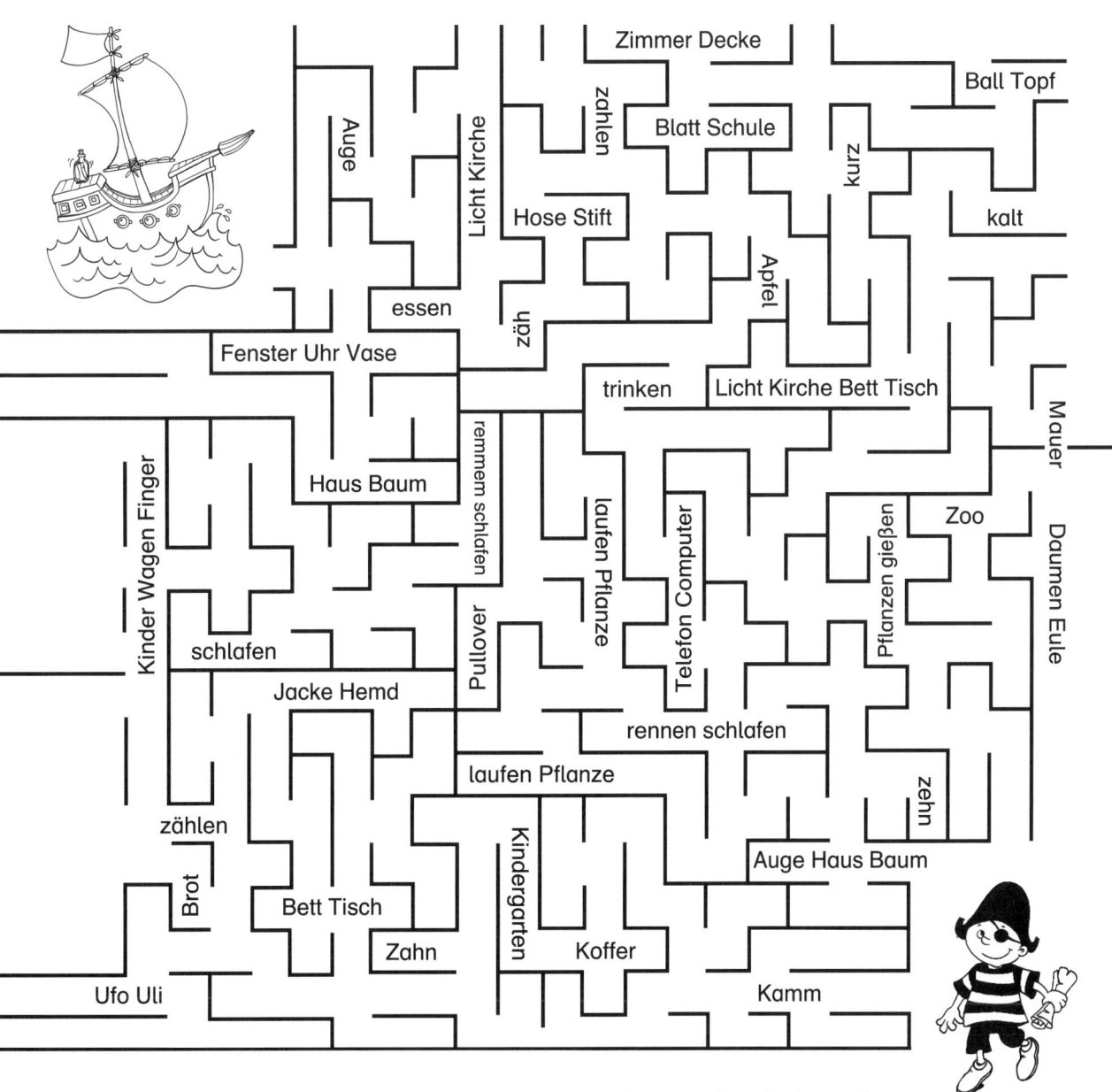

Schreibe hier deine Lieblingswörter aus dem Labyrinth auf:

Phonem-Graphem-Bezug
Buchstabensuppe

Förderziele
- Schüler sollen Buchstaben in verschiedenen Schriften und Größen erkennen, den Laut dazu sprechen.
- Schüler sollen Buchstabenmerkmale und grafische Ähnlichkeiten mit anderen Buchstaben beschreiben.
- Schüler sollen Anbindungswörter zu verschiedenen Buchstaben finden, z. B. Wörter mit „M" am Anfang, dadurch die formale Struktur der gesprochenen Sprache kennenlernen und sichern.
- Schüler sollen zählen üben.

Material
- KV 5, S. 17
- 1 Päckchen Buchstabennudeln
- 1 Bogen farbiges Tonpapier, 1 Lupe, 1 Bleistift
- Zeitschriften
- Kleber, Schere
- Buntstifte

Vorarbeit des Lehrers / Erarbeitung durch die Kinder
Die Kinder arbeiten hier am besten in Partnerarbeit. Die Kinder erhalten einen Bogen Tonpapier und legen diesen auf dem Tisch aus. Sie leeren darauf eine kleine Packung Buchstabennudeln. Mit einer Lupe identifizieren sie die einzelnen Buchstaben, lautieren sie und sortieren gleiche Zeichen. Sie sagen nacheinander Wörter auf, in denen ein bestimmter Buchstabe als An-, In-, Auslaut vorkommt. Die Kinder bearbeiten die Kopievorlage oder gestalten eigene Buchstabenplakate, indem sie aus Zeitschriften Buchstaben ausschneiden und auf ein Blatt Papier kleben.

Tipp: Alternativ zu den Buchstabennudeln können kleine Papierquadrate zugeschnitten und mit Buchstaben beschrieben werden.

| K 5 | Buchstabensuppe |  |  |

 1. Auf dem Tisch verteilen.
   Mit  vorsprechen, sortieren, Buchstaben erkennen und miteinander vergleichen.

2. Kennst du Wörter mit diesen Buchstaben? Nenne sie.

 3.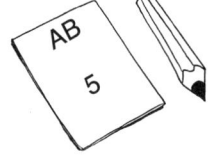

 Gestalte ein eigenes Buchstabenplakat.
Schreibe Buchstaben, schneide die
Buchstaben aus Zeitungen
aus und klebe sie auf.

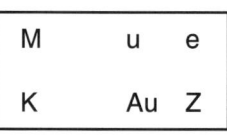 

Buchstabenquadrate

Kennst du diese Buchstaben? Zähle, wie oft jeder Buchstabe da ist.
Male die gleichen Buchstaben in der gleichen Farbe aus.

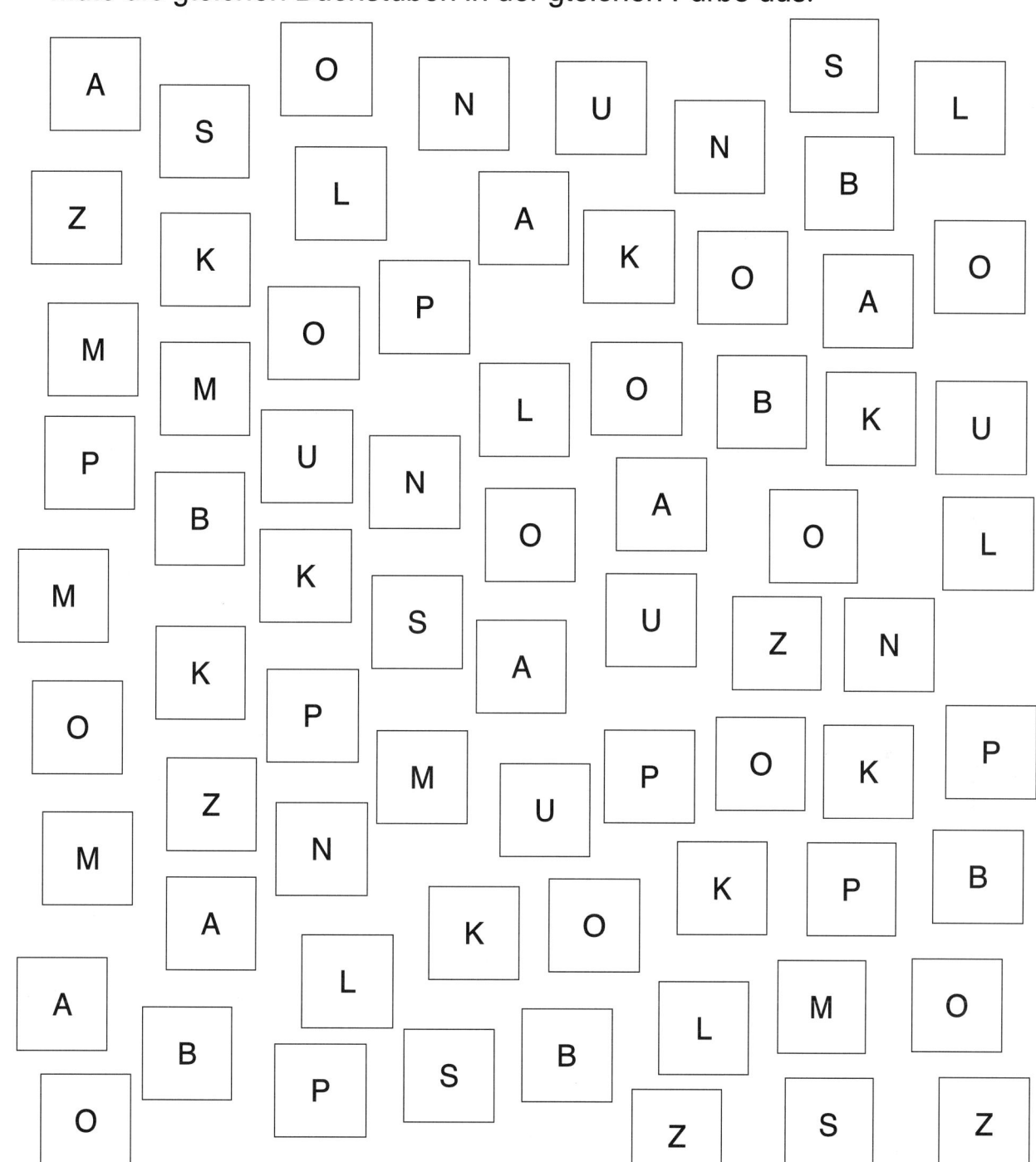

Notiere hier die Anzahlen:

A = ☐   B = ☐   K = ☐   L = ☐   M = ☐

N = ☐   O = ☐   P = ☐   S = ☐   U = ☐

Wortaufbau/Wortanalyse
In der Zeitung lesen

Förderziele
- Schüler sollen Geschriebenes und Gedrucktes aus der unmittelbaren Umwelt entdecken und Schriftzeichen in verschiedenen Darstellungsformen wahrnehmen.
- Schüler sollen die Blickfixation trainieren sowie die Auge-Hand-Koordination schulen.
- Schüler sollen durch die Buchstaben-Suchaufgaben den Zeilensprung üben.
- Schüler sollen die Feinmotorik durch die Schneideübung trainieren.
- Schüler sollen deutliches Artikulieren üben und festigen.
- Schüler sollen die Laut-Buchstaben-Zuordnung sichern.

Material
- KV 6, S. 19
- Beliebige Anzahl an Zeitungen, Katalogen, Illustrierten und Prospekten
- Schere, Kleber, Bleistift, 2 Blatt Papier pro Kind
- Briefumschläge

Vorarbeit des Lehrers/Erarbeitung durch die Kinder
Die Kinder sollen in Einzel- oder Partnerarbeit Schriftzeichen in ihrer näheren Umgebung entdecken. Stellen Sie deshalb die oben genannten Materialien zur Verfügung. Die Kinder suchen individuell ausgewählte Buchstaben und Wörter markieren diese ggf., schneiden sie aus und kleben sie auf Papier auf. Sie können als Lehrkraft auch bestimmte Buchstaben oder Wörter vorgeben. Die Arbeiten werden anschließend in Partnerarbeit oder in der gesamten Klasse präsentiert und miteinander verglichen. Als Differenzierungsangebot können die Kinder in Partnerarbeit Aufträge erteilen und diese ausführen: Kreise alle O ein. Schneide fünfmal das A a aus. Unterstreiche fünfmal das R r. Diese Ergebnisse können ebenfalls ausgeschnitten und auf Papier aufgeklebt werden.

Tipp: Die ausgeschnittenen Buchstaben sortieren und in Briefumschlägen aufbewahren. Auf den Umschlag den jeweiligen Buchstaben schreiben.

| K 6 | In der Zeitung lesen | 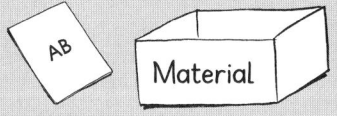 |

 1. Findet in den Zeitschriften und Prospekten Buchstaben, schneidet sie aus und klebt sie auf.

2. Gib deinem Partner nun knifflige Suchaufträge, z. B.:

Kreise alle O ein.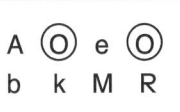

Schneide fünfmal das A a aus.   A   a   5 x

Unterstreiche fünfmal das R r.

M	u	K	L	s
R	t	m	r	R
T	u	R	L	r

3.

18

Buchstaben suchen

Hier siehst du Buchstaben in verschiedenen Schriften und Größen.
Schreibe die Anzahl der gesuchten Buchstaben in den jeweiligen Kreis.
Du kannst auch andere Buchstaben suchen und zählen.

P = ◯   A = ◯   S = ◯   M = ◯   E = ◯

H = ◯   L = ◯   G = ◯   R = ◯   K = ◯

Kopiervorlage 6

Wortaufbau / Wortanalyse
Silbengitter: Chinesisch lesen

Förderziele
- Schüler sollen die Kodierung von zwei und drei Lautzeichen üben.
- Schüler sollen Pseudosilben rhythmisch lesen, dadurch Präzision in der Artikulation gewinnen.
- Schüler sollen den eigenen Sprechrhythmus weiter entwickeln.
- Schüler sollen die seriellen Abfolgen im Silbenaufbau einhalten.
- Schüler sollen die Merkfähigkeit trainieren.

Material
- KV 7, S. 21
- Buntstifte, 1 Bleistift, Schreibblock
- 2 Lesestreifen in der Länge von 25 x 3 cm, zur besseren Orientierung bei der Silbensuche

Vorarbeit des Lehrers / Erarbeitung durch die Kinder
Die Kinder erhalten die Kopiervorlage und die Materialbox mit oben genannten Dingen. Sie lesen die Silben der Gitter dem Partner vor. Im gegenseitigen Lesespiel sagen sich die Lesepartner, welche Silbe sie suchen und ausmalen sollen. Zum lauten Lesen der Pseudosilben wird ergänzend geklatscht. Das kann sowohl in der Einzel- oder Partnerarbeit erfolgen. Damit die Schüler nicht in der Zeile verrutschen, mit einem Papierstreifen arbeiten. Die Kinder prägen sich alternativ Silbenfolgen ein, lesen sie wiederholt einander vor und diktieren sich die sinnfreien Silben.

K 7 Chinesisch lesen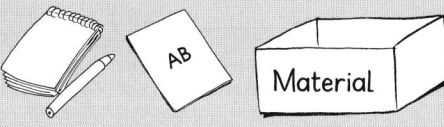

 1.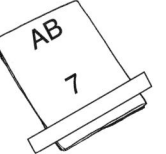

 2. Lest die Silben im Gitter abwechselnd laut, leise, langsam und schnell.

 3. Malt nach Partneransage das richtige Silbenkästchen aus.

 4. Schreibt Lustiges mit den Silben. | bo | di | dul |

Tipp: Verwendet zum Lesen einen Lesestreifen.

Silbengitter: Chinesisch lesen 1

Lies jedes Silbengitter verschieden vor: leise, laut, langsam, schnell.
Dein Partner nennt eine bestimmte Silbe aus einem Gitter. Finde sie
und male das Kästchen aus.

la	le	lie
lo	lu	lei
lel	ler	lau

sa	se	si
so	su	sei
sau	sel	ser

fa	fe	fi
fo	fu	fei
fel	fau	fer

da	der	do
de	di	dau
du	dei	del

ro	ra	wo
ru	wa	wen
rer	wel	wer

bo	bei	bel
ba	ta	ti
tel	tei	ter

Pseudowörter
Silbengitter: Chinesisch lesen 2 (Matrix)

Förderziele
- Schüler sollen Di- und Trigraphe simultan erfassend lesen.
- Schüler sollen sinnlose Silben rhythmisch vortragen und nachsprechen. Dabei auf korrekte Aussprache achten.
- Schüler sollen die Begriffe „Zeile bzw. Spalte" unterscheiden und sich innerhalb einer Matrix orientieren lernen, dadurch den Wechsel in der Leserichtung üben: horizontal und vertikal.

Material
- KV 8, S. 23 (DIN A4 und ggf. DIN A3, wenn Kinder Orientierungsprobleme haben)
- 2 Papierstreifen in der Länge von 25 x 3 cm, zur besseren Orientierung bei der Silbensuche nach Symbolen
- Schere

Vorarbeit des Lehrers/Erarbeitung durch die Kinder
Die Klasse steigt gemeinsam in das Thema ein. Sie erklären zunächst die Symbole zur Orientierung innerhalb der Matrix. Lesen Sie dann gemeinsam Zeile für Zeile bzw. Spalte für Spalte von links nach rechts bzw. von oben nach unten. Die Kinder zeigen mit dem Finger die Silben. Die Symbole können der besseren Orientierung dienen. Die Kinder können auch Zeilen bzw. Spalten ausschneiden und diese einzeln vorlesen. Das Arbeitsblatt dazu für jedes Kind zweimal kopieren.

| K 8 | Chinesisch lesen 2 | 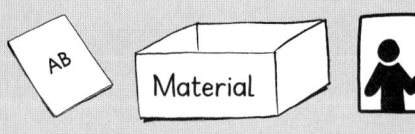 |

1.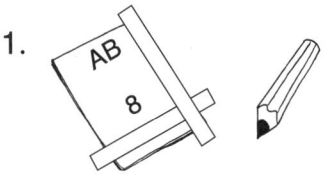

2. Suche nach Partneransage Silben und lies sie vor.

3. Male das richtige Kästchen bunt an.

4. Nenne deinem Partner ein Zeichen aus den Zeilen und ein Zeichen aus den Spalten. Welche Silbe muss der Partner sagen?

Tipp: Du kannst das Arbeitsblatt auch in Zeilen oder Spalten auseinanderschneiden und die Silbenstreifen so lesen.

Silbengitter: Chinesisch lesen 2 (Matrix)

Lies die chinesischen Silben vor und lasse sie dir vorlesen:
Lies in Zeilen und Spalten.

	■	▲	○	☁	★	☺	□
♥	pox	scho	zuk	rak	mas	nex	reik
★	rol	lek	kux	hos	ger	dox	bör
○	rik	jup	dar	ker	xos	fer	rez
▲	lör	dup	gir	pos	kez	hox	kup
□	dex	fad	jor	pes	ter	quar	lak
●	lär	hux	gal	füs	wop	paus	kat
☼	tur	bop	sär	kip	lir	vot	kar
/	zet	gat	kox	quor	mox	lüs	heg
∿	kix	sal	lis	fir	pas	zak	lik
☺	kär	kil	bop	nor	peis	ter	xop

Kopiervorlage 8

Pseudowörter 23

Wortaufbau / Wortanalyse
Leckere Silbenbonbons essen

Förderziele
- Schüler sollen ihre Kenntnisse im Bereich Phonologische Bewusstheit verbessern.
- Schüler sollen Gliederungselemente in der geschriebenen Sprache sprechrhythmisch und motorisch darstellen.
- Schüler sollen die Artikulation verbessern.

Material
- KV 9–11, S. 25–27
- Schere, Bleistift, Buntstifte
- Block oder Heft

Vorarbeit des Lehrers / Erarbeitung durch die Kinder
Die Kinder erhalten in Einzelarbeit die KV 9 und 10, S. 25–26 und lesen die Wörter im Silbenrhythmus laut oder leise. Die Kinder schreiben die Wörter in Silben auf einen Block oder in ihr Heft. Sie ergänzen Silbenbögen. Zur Vertiefung basteln die Kinder aus zerschnittenen Silbenbonbons ein Memoryspiel, sie können dieses in Partnerarbeit direkt ausprobieren. Auch die Wörter mit drei Silben lassen sich zerschneiden. Die Kinder legen die Karten dann wieder zusammen, lesen sie und schreiben sie auf. Zur weiteren Sicherung können Sie KV 11, S. 27 anbieten. Hier müssen die Kinder die Wörter in den Lückentext einfügen.
Bringen Sie den Kindern leckere Bonbons mit in die Schule. Die Motivation ist so garantiert!

K 9 — Leckere Silbenbonbons essen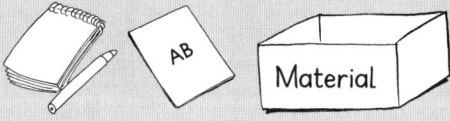

 1.

 2. Silben lesen: Ku – chen, Löf – fel …

3. Silben auf den Block oder ins Heft schreiben und ⌒⌒ malen.

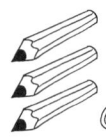 4. Bonbons bemalen, in der Mitte zerschneiden und ein Memory basteln.

 5. Memory spielen.

 Tipp: Wenn du fertig bist, löse AB 11. Die Bonbons helfen dir dabei.

Leckere Silbenbonbons lesen

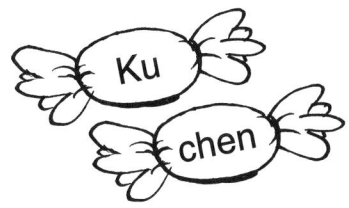  

Ku – chen

Leckere Silbenbonbons lesen

Re – gen – schirm

Einsetzübung zu den Silbenbonbons

1. Im Sommer machen wir wieder eine schöne _____ nach Italien.

2. Das Fleisch schneide ich mit dem scharfen _____.

3. Zum Geburtstag wünsche ich mir zwei spannende _____.

4. Auf diesem Schiff sind viele _____.

5. Meine Tante kauft mir in der Stadt eine _____ mit drei Kugeln.

6. Leckere _____ essen wir abends besonders gern.

7. Das schönste Fest im Jahr ist für mich _____.

8. Im Weihnachtsstollen ist of feines, süßes _____.

9. _____ kann mein Vater besonders gut zubereiten.

10. Mit meinen Freunden spiele ich gerne _____.

11. Das neue Kettchen ist aus echtem _____.

12. Am 1. Advent zünden wir eine _____ an.

13. Im Frühjahr hoppeln viele _____ auf der _____.

14. Cowboys tragen meistens braune _____.

15. Wenn ich Schnupfen habe, läuft mir die _____.

16. Ein großer _____ traf in die Fensterscheibe.

17. Zum Geburtstag backen wir _____ und _____.

18. Aus dem Geschirrspüler nehme ich zuerst die _____ und _____.

19. In meiner _____ sind Mäppchen und Bücher.

Silbengliederung
Robotersprache

Förderziele
- Schüler sollen Wörter sprechrhythmisch in Silben segmentieren.
- Dabei den Sprech- und Körperrhythmus in der Darstellung miteinander vereinen.
- Schüler sollen das Wortangebot verinnerlichen (durch mehrmaliges Lesen, Vorlesen und Aufschreiben).

Material
- KV 12–13, S. 29–30
- 1 Bleistift
- 1 Block oder Papier bzw. Heft
- Ein selbstgebastelter Roboter als Motivationsfigur (aus Schachteln oder bemalten Holzteilen)

Vorarbeit des Lehrers/Erarbeitung durch die Kinder
Vergrößern Sie die Kopiervorlage ggf. auf 141 %. Im Stuhlkreis äußern sich die Kinder frei zum Roboter und den abgebildeten Wörtern. Die Kinder lesen die Wörter und sprechen sie in Silben nach. Ebenso imitieren die Kinder die grobmotorischen Schrittbewegungen des Roboters. Danach gehen die Schüler in Partnergruppen zusammen. Sie lesen sich gegenseitig die Wörter vor und schreiben sie danach auf ihren Block oder in ihr Heft.

Ergänzend können Sie die KV 13 anbieten.

K 10 | Robotersprache

1. Lies alle Wörter im Silbenrhythmus vor.

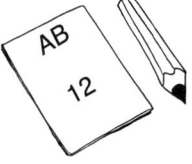

2. Schreibe so viele Wörter in dein Heft oder auf den Block, wie du schaffst. Zähle die Wörter.

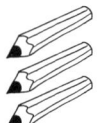

3. Du kannst den Roboter nun so anmalen, wie es dir gefällt.

Robotersprache

Lies im Silbenrhythmus.
Schreibe die Wörter auf deinen Block oder in dein Heft.

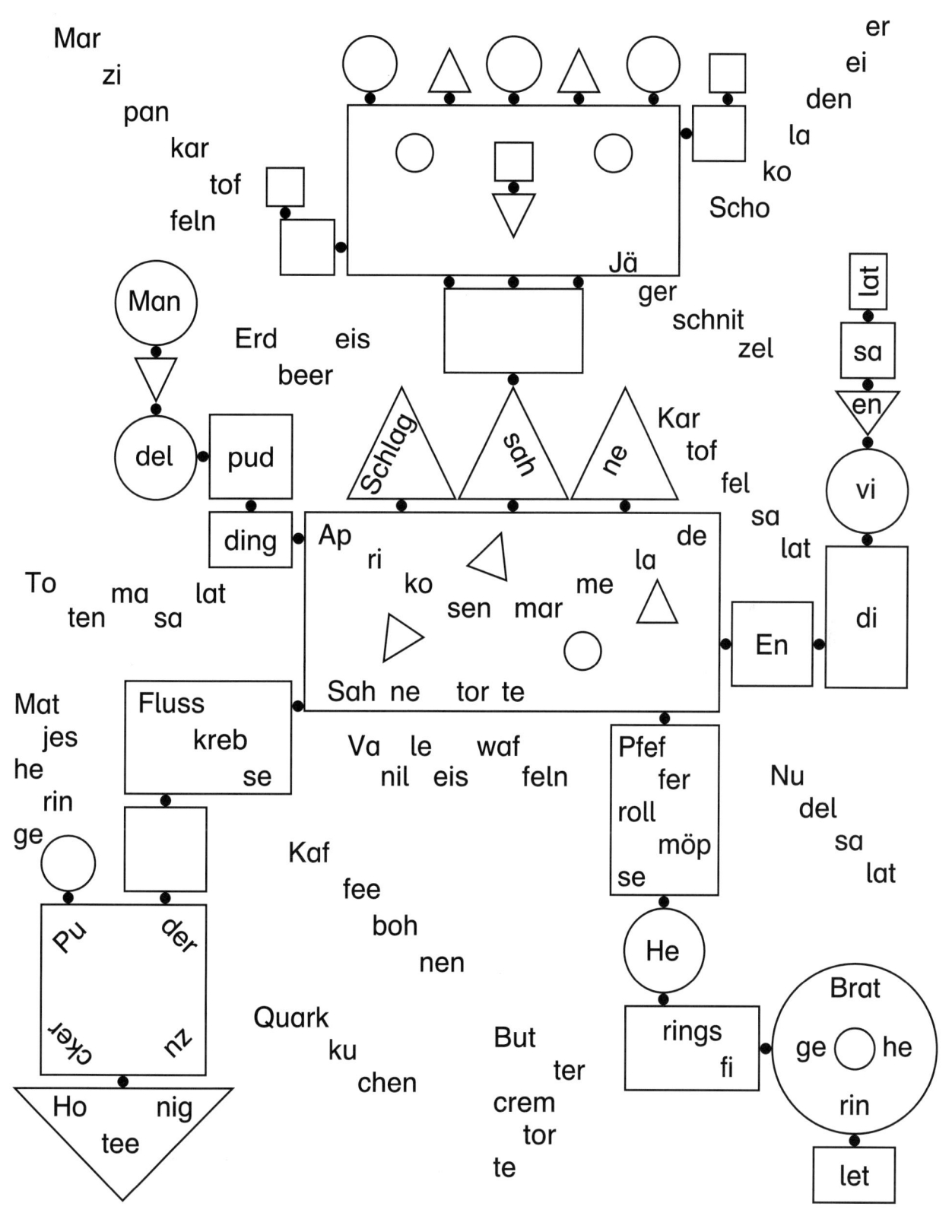

Kopiervorlage 12

Silbengliederung 29

Weiter geht's in der Robotersprache

Male auch die Silbenbögen.

<u>die</u> Mar me la de

<u>das</u> Huf ei sen   <u>das</u> Schlüs sel loch

<u>der</u> Luft bal lon

<u>die</u> Fern seh ka me ra leu te   <u>die</u> Bil der bü cher

<u>der</u> Na del baum   <u>die</u> Brief um schläge

<u>das</u> E le fan ten haus

<u>die</u> Wasch ma schi nen schläu che   <u>das</u> Baum haus dach

<u>das</u> Blu men fens ter

<u>der</u> Haus tür schlüs sel   <u>der</u> Staub sau ger beu tel

<u>die</u> Li mo na de

<u>das</u> Te le fon tisch chen   <u>der</u> Win ter man tel

<u>die</u> Spiel zeug kis te

<u>der</u> Pup pen wa gen   <u>der</u> Nu del sup pen in halt

<u>das</u> Ba de hand tuch

<u>die</u> Sei fen bla sen

Kennst du auch Roboterwörter? Schreibe sie auf und bilde Sätze damit.

Silbengliederung
Tolle Blumenketten

Förderziele
- Schüler sollen in Silben zerlegte Wörter zu sinnvollen Wortganzen zusammenfügen.
- Schüler sollen Wörter syllabierend lesen und gleichzeitig dazu sprechen.
- Schüler sollen die Schreibmotorik verbessern.

Material
- KV 14, S. 32
- Schere, Bleistift
- Block oder Heft
- Beliebige Anzahl an Pappblumen, am besten mit kleinem Loch
- Kordel
- Buntstifte

Vorarbeit des Lehrers/Erarbeitung durch die Kinder
Vor der Bearbeitung stellen Sie kleine Pappblumen her, eventuell bestehen diese nur aus einem Kreis ohne Blütenblätter. Beschriften Sie die Blumen mit Silbenteilen von Wörtern. Das können die Lernwörter oder andere Wörter sein. Zeigen Sie den Kindern, wie sie die verschiedenen Silben-Blumenteile zu einem Wort zusammenfügen können. Sprechen Sie dabei sehr deutlich.

K 11 Tolle Blumenketten

1.

2. Verteilt die Blumen auf dem Tisch, mischt sie und legt sie so zusammen, dass Wörter entstehen. Schreibt die Wörter auf.

3. Oder ihr spielt Memory: Legt die Blumen verdeckt auf den Tisch und versucht, möglichst Wortteile zu finden, die ein Wort bilden.

4. Füllt dann AB 14 aus.

Tipp: Einige Silbenteile bleiben übrig!

Tolle Blumenketten

Verbinde passende Silben und bilde daraus sinnvolle Wörter. Lies sie im Silbenrhythmus und schreibe sie auf. Male die Blumen bunt an.

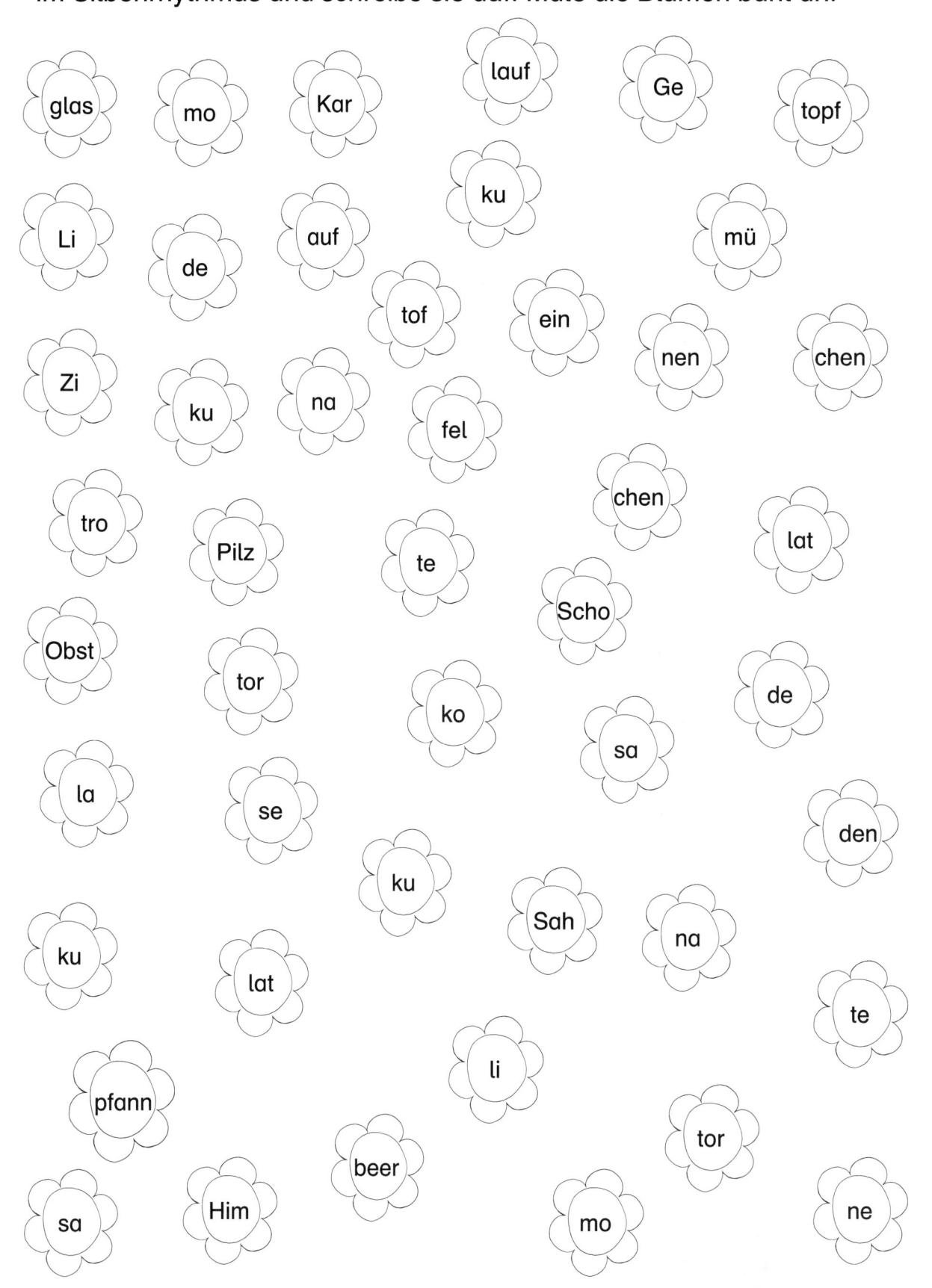

Silbengliederung
Lesewolken

Förderziele
- Schüler sollen Wörter in Silben getrennt lesen und fehlende Silben ergänzen.
- Schüler sollen rhythmisch-syllabierend lesen und vorlesen.
- Schüler sollen mitsprechen und richtig schreiben üben.
- Schüler sollen in ersten Ansätzen richtige Sätze bilden.
- Schüler sollen die Artikel und die Mehrzahlbildung zunehmend verinnerlichen.

Material
- KV 15–16, S. 34–35
- Schere, Bleistift, Filzstift
- Wörter auf Papierstreifen
- Wolken aus Papier
- Block

Vorarbeit des Lehrers / Erarbeitung durch die Kinder
Stellen Sie einfach Wortstreifen her, diese sollen aus einem mehrsilbigen Wort bestehen, wobei eine Silbe fehlt. Die jeweils fehlenden Silben schreiben Sie auf je eine Wolke, die Sie aus Papier zugeschnitten haben. Erklären Sie den Kindern vorher oder während der Wochenplanarbeit diese Zuordnungsübung und die Pluralbildung. KV 16 können die Kinder bearbeiten, die die Aufgaben von KV 15 schneller gelöst haben. Geben Sie Wortstreifen und Silbenwölkchen in eine Schachtel.

K 12 — Lesewolken

1. Nehmt die Wortstreifen und Silbenwolken aus der Schachtel. Legt die fehlende Silbenwolke auf das Wort. Bildet Sätze.

2. Verteilt die Wortstreifen verdeckt auf dem Tisch. Die Wolken werden mit der Vorderseite nach oben auf dem Tisch verteilt.

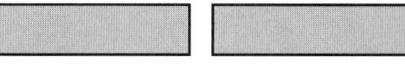 

3. Deckt nacheinander Wortstreifen auf und findet die passende Wolke. Lest die Wörter deutlich vor. Sagt die Mehrzahl:
die Eistorte – die Eistorten.

 4.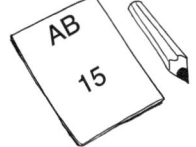

Lesewolken: Kannst du diese Wörterrätsel lösen?

Schreibe die fehlende Silbe in die Wolke. Lies die Wörter und schreibe sie in dein Heft.

der ___ schrau ber

der Sa ___ man der

die Eis tor ___

die Mar me la ___

die Sta chel ___ re

die Man ___ rine

der Last ___ gen

das ___ le fon

das Kro ___ dil

der Tan nen ___

die ___ na ne

der Luft ___ lon

das Le ___ buch

der Kin der ___ ten

die Bon bon tü ___

der Quark ___ chen

34 Silbengliederung

Kopiervorlage 15

Wörtersuche im Silben-Irrgarten

Welche 18 Wörter sind hier versteckt? Verbinde die 2 bis 5 Silben mit Buntstiften.

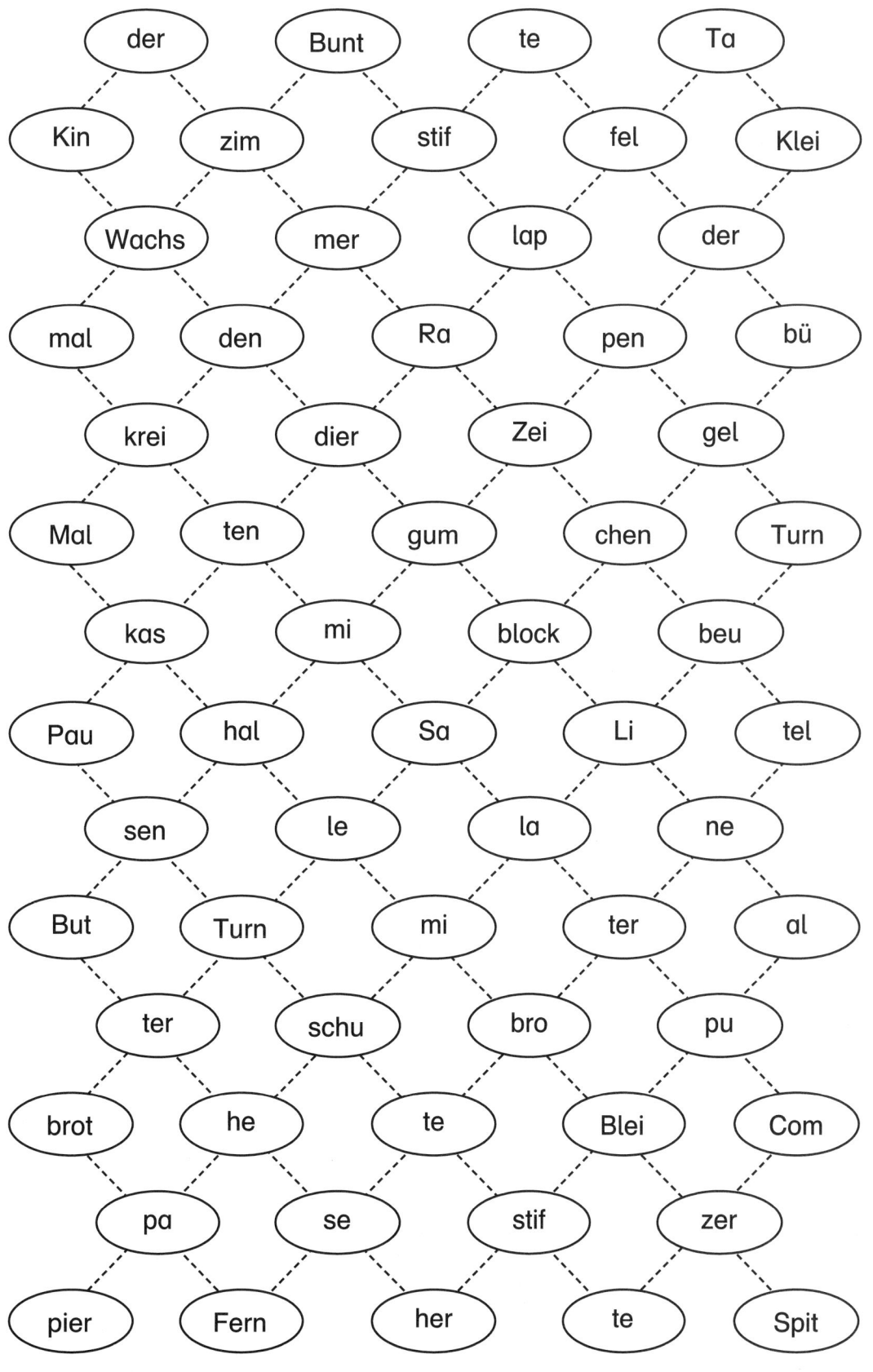

Kopiervorlage 16

Silbengliederung

Lesegenauigkeit
Schau genau und lies genau!

Förderziele
- Schüler sollen die Unterschiede ähnlicher Wörter erkennen und markieren.
- Schüler sollen durch deutliches Vorlesen ihre Ausdrucksfähigkeit verbessern.
- Schüler sollen den semantischen Inhalt eines Wortes klären.
- Schüler sollen sich der grammatikalischen Satzstruktur durch Einsetzübung bewusst werden.

Material
- KV 17–18, S. 37–38
- Schere, Bleistift
- Block, Buntstifte
- Lesepfeile, Vorlage S. 65

Vorarbeit des Lehrers/Erarbeitung durch die Kinder
Die Kinder bearbeiten KV 17. Stellen Sie dazu Lesepfeile zur Verfügung. Sie können die Wortkärtchen für Aufgabe 3 bereits ausschneiden und den Kindern zur Verfügung stellen.
Zur Differenzierung können Sie das Arbeitsblatt 18 einsetzen.

K 14 — Schau genau und lies genau!

1.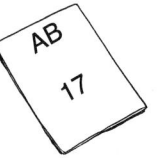

   | das B(u)ch | der B(a)ch |
   | die Z(u)nge | die Z(a)nge |

2.  Überlegt euch tolle Sätze zu den Wörtern. Wie viele Sätze kennt ihr? Schreibt sie auf.

3.  Schneidet die Wortkarten aus. Legt sie verdeckt auf den Tisch. Zieht abwechselnd eine Karte und bildet von diesem Wort die Mehrzahl.

Schau und lies genau: Ähnliche Wörter lesen

Lest die Wörter abwechselnd vor: laut, leise, im Flüsterton. Die Wortpaare sind fast gleich. Markiert den Unterschied mit einem Farbstift.

die Hose	der Dackel	die Tasse	die Zahl	das Ohr	der Rost	das Huhn
der Hase	der Deckel	die Tanne	der Zahn	die Uhr	die Rose	der Hahn
die Zange	die Maus	die Tante	die Nadel	der Puder	das Schaf	die Tasche
die Zunge	das Mus	die Tinte	die Nudel	der Pudel	der Schal	die Tische
der Bach	der Kran	der Herr	der Stab	die Beeren	die Puppe	die Hand
das Buch	der Kranz	das Herz	der Star	die Bären	die Pappe	der Hund

Vorsicht! Ähnliche Wörter einsetzen!

1. Heute Nachmittag gehe ich mit meinem _____ spazieren.
   Deckel / Dackel

2. Im Wald sammeln wir frische _____. Wir machen daraus Saft.
   Beeren / Bären

3. Nach dem Frühstück stelle ich meine _____ in den Geschirrspüler.
   Tanne / Tasse

4. Wenn ich im Winter unterwegs bin, binde ich mir einen _____ um.
   Schaf / Schal

5. Im Sommer kochen wir aus den Äpfeln viel _____.
   Maus / Mus

6. Der Zahnarzt muss mir heute leider einen _____ ziehen.
   Zahl / Zahn

7. Die alte _____ liegt im Werkzeugkasten.
   Zange / Zunge

8. Im Zoo laufen fünf _____ im Gehege umher.
   Beeren / Bären

9. Meine Nachbarin lässt ihren süßen _____ im Garten herumtollen.
   Puder / Pudel

10. Viele Kinder wünschen sich zum Geburtstag ein spannendes _____.
    Buch / Bach

11. Wenn Besuch kommt, gebe ich jedem die _____ und begrüße ihn.
    Hund / Hand

12. An der Hauswand rankt eine gelbe _____ empor.
    Rost / Rose

13. Nach dem Einkauf trage ich die _____ in die Wohnung.
    Tasche / Tische

14. Auf der Straße steht ein hoher _____. Es wird ein neues Haus gebaut.
    Kranz / Kran

15. Die Kinder schenken ihrer Mutter zum Muttertag ein selbst gebasteltes _____.
    Herr / Herz

16. Peter freut sich so auf das Fußballspiel und schaut dauernd auf die _____.
    Ohr / Uhr

17. Opa stützt die Pflanze mit einem _____, damit sie nicht umknickt.
    Star / Stab

Ähnliche Wörter finden
Freche Reime

Förderziele
- Schüler sollen Reimsätze vorlesen und charakteristische Merkmale benennen.
- Schüler sollen Laut- und Klangähnlichkeiten erkennen.
- Schüler sollen erkennen, welche Wörter sich reimen.
- Schüler sollen Wortschatz und Rechtschreibung verbessern.
- Schüler sollen ihre Feinmotorik verbessern.

Material
- KV 19–21, S. 40–42
- Schere, Bleistift
- Block
- Verschiedene Papierstreifen

Vorarbeit des Lehrers / Erarbeitung durch die Kinder
KV 19 kopieren. Die KV jeweils in Wortstreifen schneiden, mittig trennen. Diese Aufgabe können die Kinder auch selbst übernehmen.
Basteln Sie im Vorfeld bitte Lesefische. Schneiden Sie dafür Papierstreifen zu. Basteln Sie nun Fische nach der Vorlage. Dem Lesefisch Augen aufmalen und ggf. einen Mund einschneiden. Zwischen den beiden Einschnitten wird je ein Reimspruch der KV 21, S. 42 geschrieben. Zuletzt werden die beiden Einschnitte zusammengesteckt, so dass sich der Reim innen befindet. Die Kinder arbeiten dann nach folgendem Prinzip: Lesefisch nehmen, öffnen und Reim vorlesen, Lesefisch wieder zusammenstecken. KV 20 können Sie als Differenzierung einsetzen.

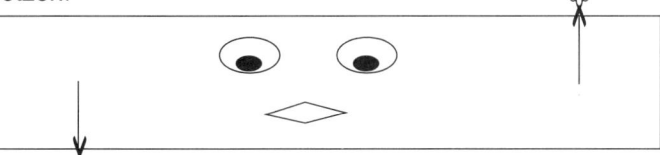

Bastelvorlage Lesefisch
Vorderseite

K 14 Freche Reime

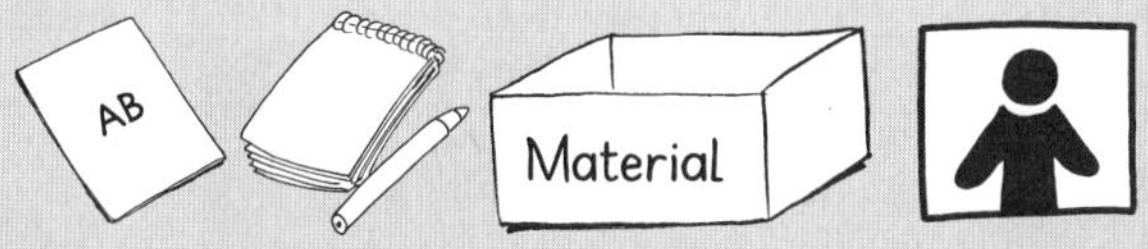

1. 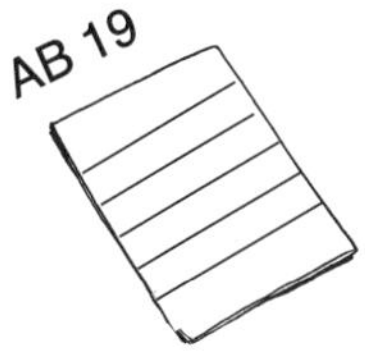 AB 19

   Diese **Lupe**   hat keine **Hupe** .

2. Mische die Wortstreifen, setze sie richtig zusammen und schreibe sie auf den Block oder in dein Heft.

   Der kleine Zwerg — sitzt auf einem Berg.

   Die Karten — warten.

3. Nimm dir die „Lesefische" und löse die Reimrätsel.

   Kein Kleid ohne Knopf,
   keine Deckel …

Freche Reime raten

Lies die Reime mehrmals.
Schneide die Streifen an der gestrichelten Linie aus. Trenne jeden Streifen auch in der Mitte. Füge sie dann entweder wieder zu sinnvollen Reimen oder zu Spaßreimen zusammen.

Der kleine **Zwerg**	sitzt auf eine **Berg**.
Diese **Lupe**	hat keine **Hupe**.
Eine schwarze **Spinne**	sitzt in der **Rinne**.
Meine **Puppe**	isst gerne **Suppe**.
In der **Tasche**	ist eine **Flasche**.
Der **Pfau**	ist so schön **grau**.
Im **Haus**	ist eine **Laus**.
Die rote **Kerze**	macht gerne **Scherze**.
Den schweren **Eimer**	mag **keiner**.
Auf dem **Turm**	liegt ein **Wurm**.
Der **Schrank**	ist **krank**.
Der **Stein**	ist nicht **klein**.
Die **Karten**	**warten**.
Im bunten **Socken**	sind weiße **Flocken**.
Auf dem **Baum**	ist viel **Schaum**.
Der **Ball**	macht einen **Knall**.
Der **Igel**	hat einen **Spiegel**.
Auf dem **Tisch**	zappelt ein **Fisch**.

Reimfamilien

Lies und bilde Sätze. Schreibe die Reimfamilien auf.

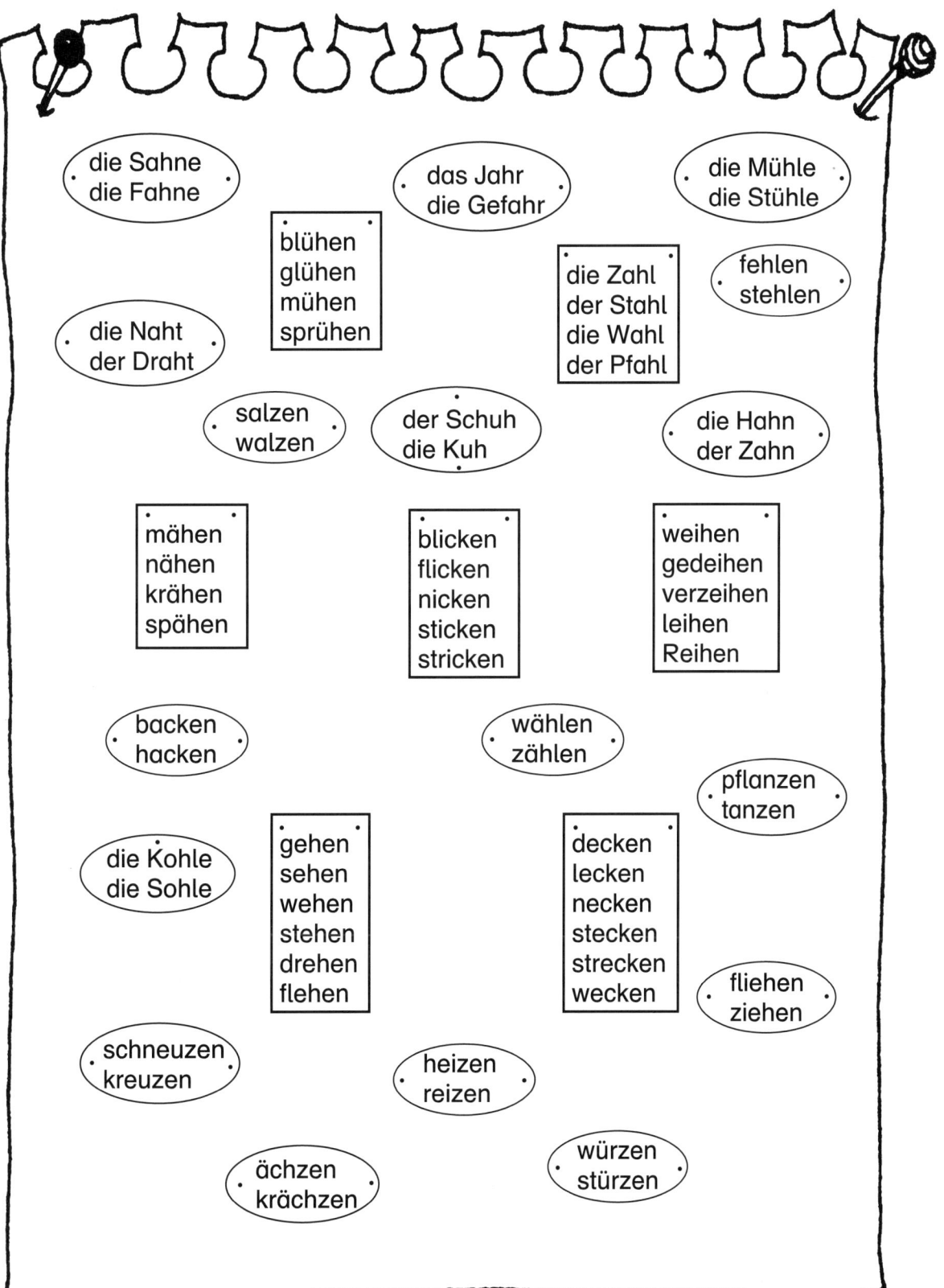

Kopiervorlage 20 — Ähnliche Wörter finden

Lesefische: Das „Kein-ohne-Spiel!"

Kein Kleid ohne Knopf, kein Deckel ohne …	Kein Garten ohne Pflanzen, kein Schulkind ohne Ranzen.
Kein Zimmer ohne Tisch, kein Meer ohne …	Kein Bahnhof ohne Schienen, kein Imker ohne …
Kein Essen ohne Gabel, kein Vogel ohne …	Kein Vogel ohne Wurm, keine Kirche ohne …
Keine Küche ohne Töpfe, keine Frisur ohne …	Kein Haus ohne Dach, kein Schrank ohne …
Kein Dorf ohne Haus, kein Speck ohne …	Kein Salat ohne Schüssel, kein Elefant ohne …
Keine Taube ohne Flug, keine Schiene ohne …	Kein Ball ohne Luft, keine Blume ohne …
Kein Regal ohne Brett, kein Schlafzimmer ohne …	Kein Wetter ohne Wind, kein Bauer ohne …
Kein Bart ohne Haar, keine Hochzeit ohne …	Kein Arm ohne Hand, kein Spielplatz ohne …
Kein Eskimo ohne Eis, kein Chinese ohne …	Kein Schneider ohne Faden, kein Verkäufer ohne …
Kein Sommer ohne Klee, kein Winter ohne …	Keine Haare ohne Kamm, keine Tafel ohne …
Kein Ast ohne Zweig, kein Kuchen ohne …	Keine Blume ohne Blüte, keine Damen ohne …

Lesegenauigkeit
Wörterrennbahn

Förderziele
- Schüler sollen mit der phonologischen Kodierung von Wortfolgen vertraut werden.
- Schüler sollen Wortbeginn und Wortende durch lautes Lesen über die Sprech- und Hörkontrolle erfahren.
- Schüler sollen Wörter in verschiedenen Raum-Lagen lesen und Lesesicherheit erlangen.
- Schüler sollen ihre Lese-Rechtschreib-Kompetenz verbessern.
- Schüler sollen Interaktionsfähigkeit verbessern.
- Schüler sollen mit Ober- und Unterbegriffen vertraut werden.

Material
- KV 22–24, S. 44–46
- Schere, Buntstift, Filzstift, Bleistift
- Block
- leere Papierstreifen
- ggf. Computer

Vorarbeit des Lehrers / Erarbeitung durch die Kinder
Greifen Sie vor Beginn der Wochenplanarbeit die Themen der KV 22–24 schon einmal kurz auf und sammeln Sie gemeinsam zu den Oberbegriffen weitere Unterbegriffe. Im Wochenplan sollten Sie den Kindern dann zunächst ggf. nur eine Wörterrennbahn austeilen. Wer bereits schneller fertig ist, kann dann weitere Blätter bekommen.
Die Kinder schreiben die Wörter der Wörterrennbahn auf einen Block oder in ihr Heft. Steht im Klassenzimmer ein Computer, könnten die schnellen Kinder die Wörter auch auf dem Computer schreiben und ausdrucken.
Für weitere Differenzierungsmaßnahmen schneiden Sie aus Papierstreifen Quadrate in der Größe von 4 x 4 cm aus. Beschriften Sie die Kärtchen mit Großbuchstaben. Die Kinder legen daraus eigene Wortrennbahnen, die Themen können Sie oder die Kinder vorgeben.

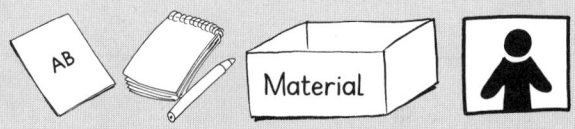

| K 15 | Wörterrennbahn |

1.

2. Denke dir eigene Wörterrennbahnen aus, schreibe sie auf Papierquadrate und lege sie nebeneinander. Stelle die Wörterrennbahnen anderen Kindern oder der Lehrerin vor.

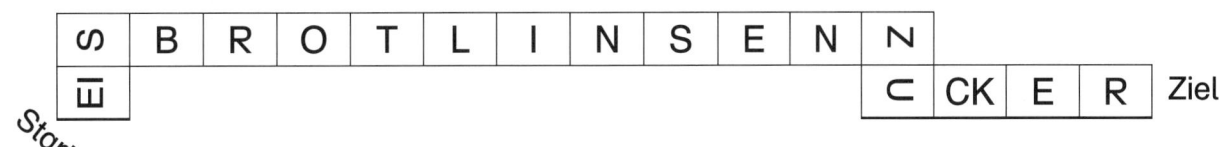

Tipp: Sprich die Wörter deutlich, auch im Silbenrhythmus. Mache nach jedem Wort eine kurze Pause.

Die Wörterrennbahn mit Schulsachen

Lies die versteckten Wörter schnell, langsam, leise und laut. Gelingt es dir, auch ohne das Blatt zu drehen?
Markiere die Wortgrenzen mit einem Buntstift und schreibe die Wörter auf einen Block oder in dein Heft.

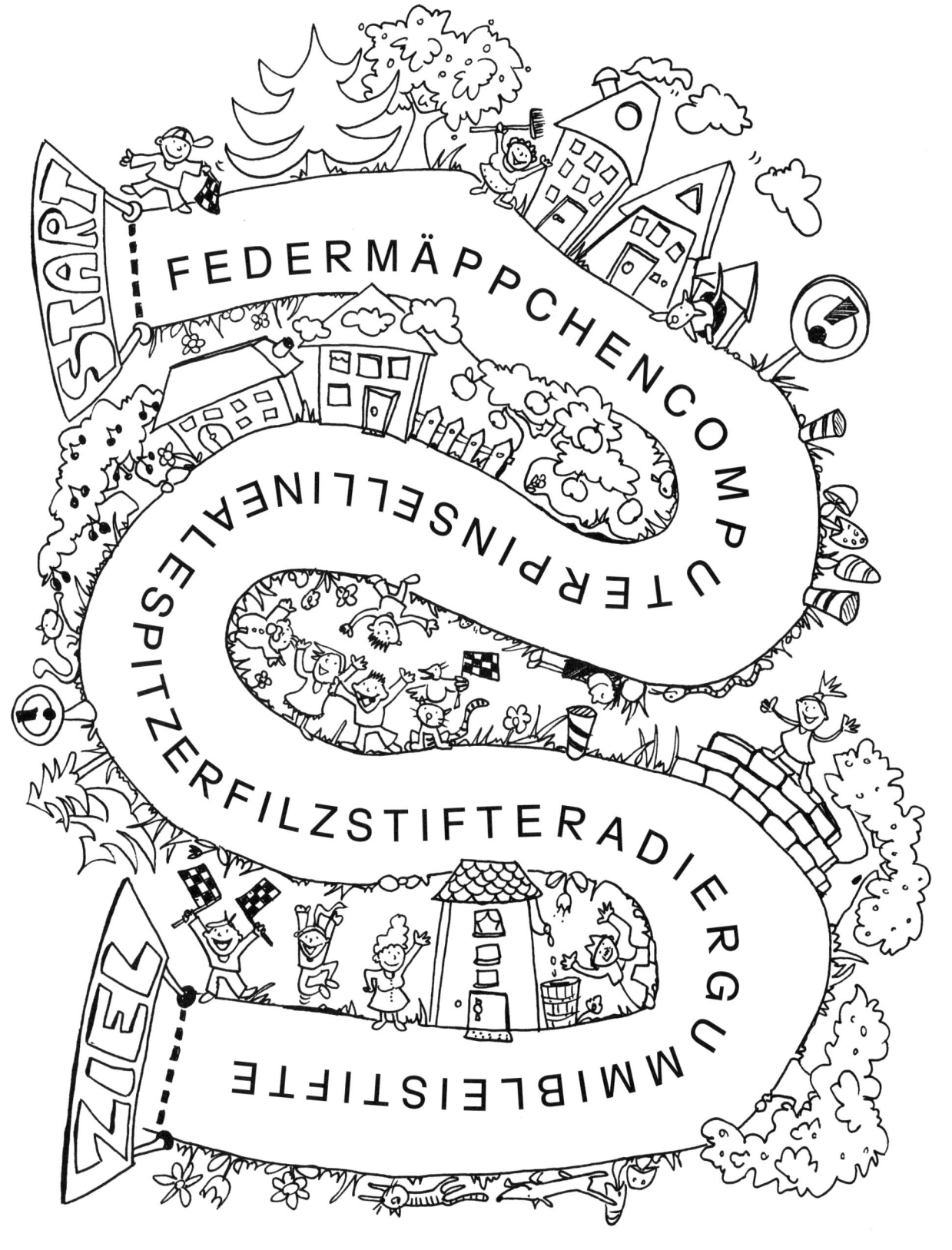

FEDERMÄPPCHENCOMPUTERPINSELLINEALESPITZERFILZSTIFTERADIERGUMMIBLEISTIFTE

Die Wörterrennbahn mit Spielsachen

Lies die versteckten Wörter schnell, langsam, leise und laut. Gelingt es dir, auch ohne das Blatt zu drehen?
Markiere die Wortgrenzen mit einem Buntstift und schreibe die Wörter auf einen Block oder in dein Heft.

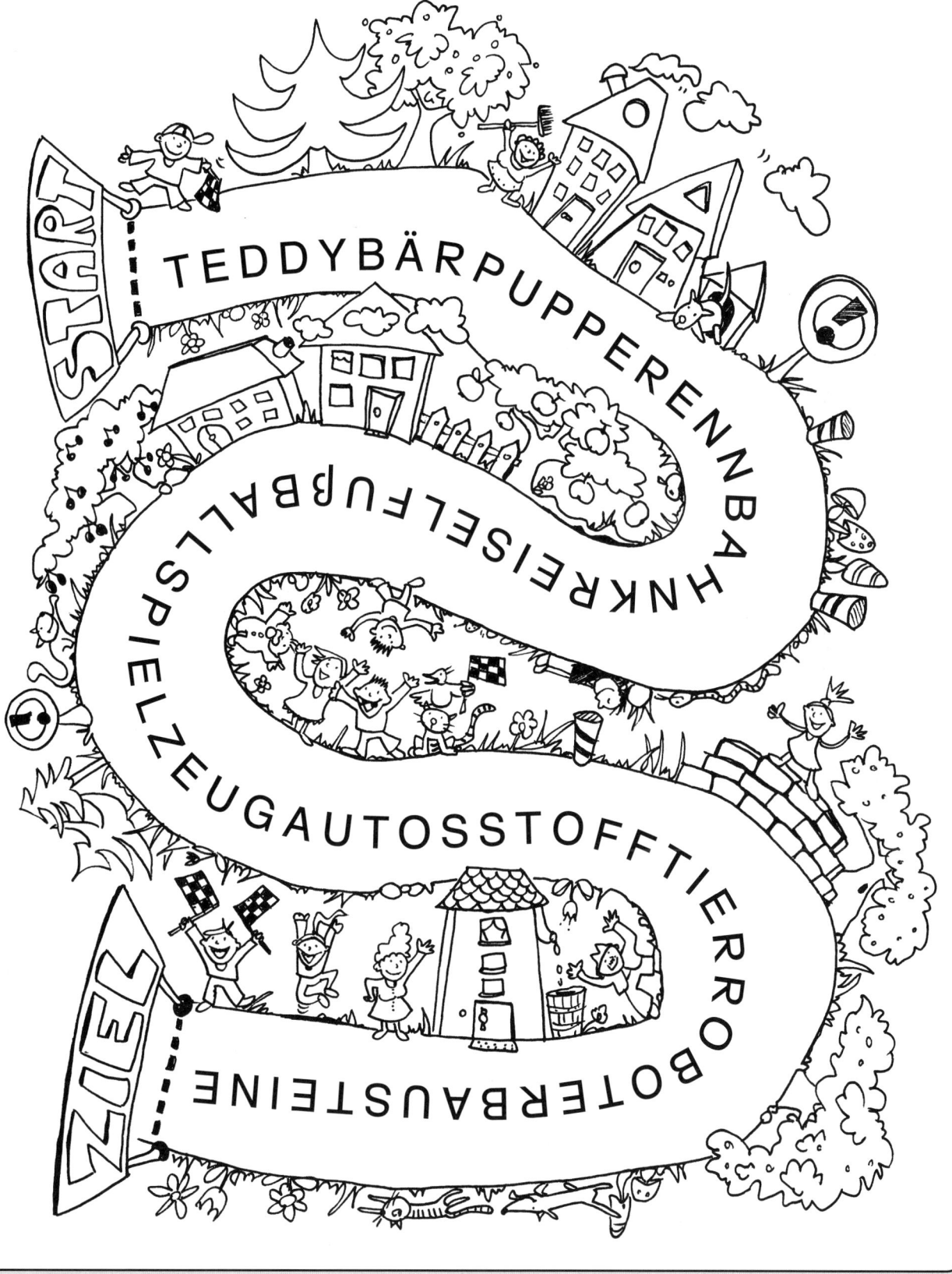

Die Wörterrennbahn mit Obst und Gemüse

Lies die versteckten Wörter schnell, langsam, leise und laut. Gelingt es dir, auch ohne das Blatt zu drehen?
Markiere die Wortgrenzen mit einem Buntstift und schreibe die Wörter auf einen Block oder in dein Heft.

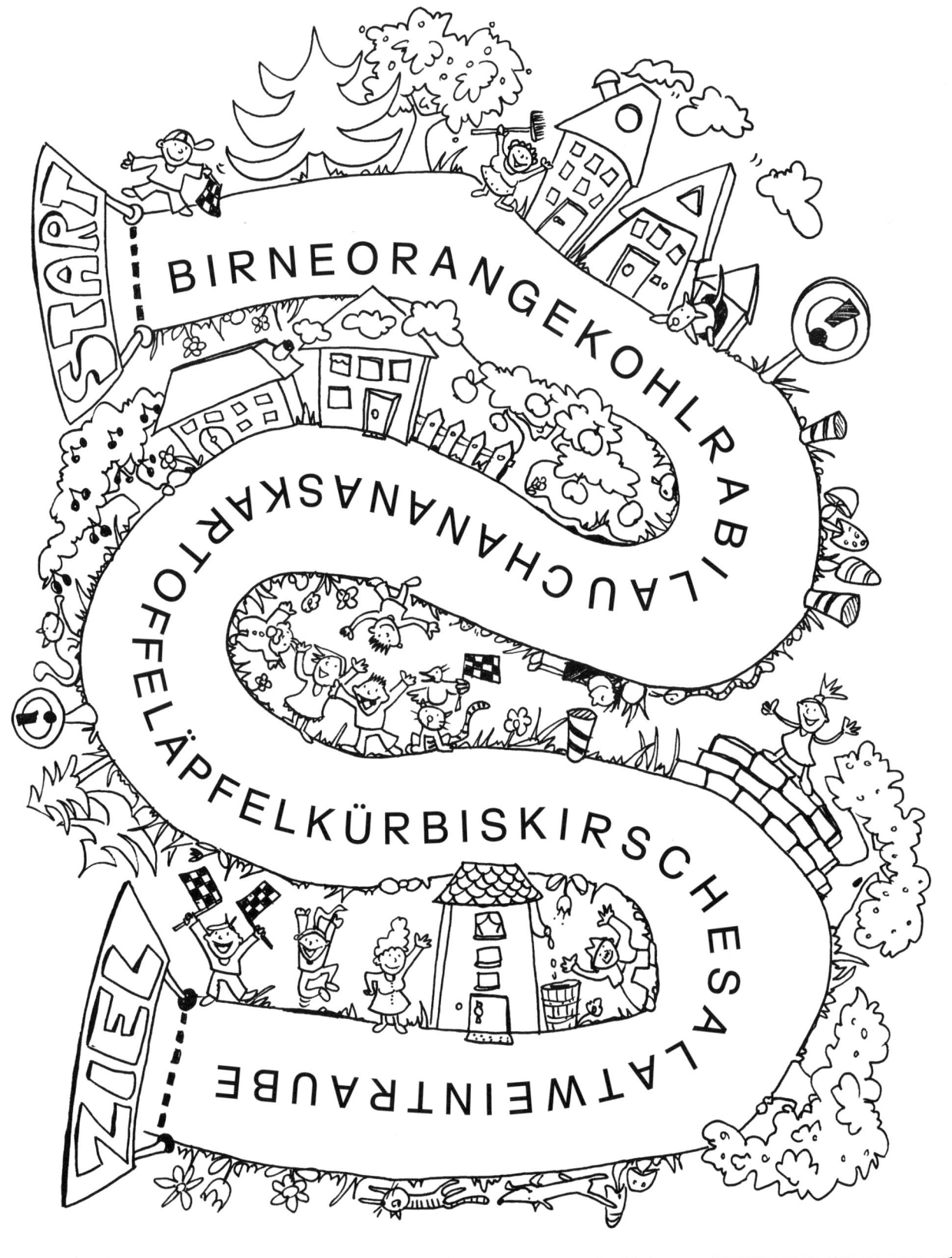

Wortgrenzen beachten
Schlangenwörter und Raupensätze

Förderziele
- Schüler sollen Wortreihen ohne Begrenzung erfassen und lesen, Wortabstände erkennen und festlegen.
- Schüler sollen den semantischen Sinn der Wörter erklären.

Material
- KV 25–27, S. 48–50
- Schere, Bleistift
- Block oder Heft

Vorarbeit des Lehrers / Erarbeitung durch die Kinder
Kopieren Sie die KV 25 und 26, S. 48–49 für alle Kinder. Arbeitsblatt 27 dient als Differenzierung für schnelle Kinder.

K 16 Schlangenwörter und Raupensätze

1. Schneide das Blatt an den gestrichelten Linien auseinander. Lies die Schlangenwörter deutlich vor und trenne die Wörter mit je einem geraden Strich von oben nach unten.

 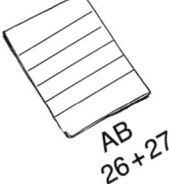  

OHR SCHWARZ SEHEN ZEIGEN WIND ÜBEN UHR WASSER TEDDY SCHAF EINS

2. Schreibe die Wörter auf deinen Block oder in dein Heft. Du kannst dir auch lustige Sätze mit den Wörtern ausdenken. Schreibe sie ebenfalls auf.

Schlangenwörter

Lies die Schlangenwörter.
Markiere die Wortgrenzen mit einem Stift und schreibe die Wörter.
Erinnere dich dabei an die Groß- und Kleinschreibung!
Denke dir lustige Sätze mit den Wörtern aus. Schreibe sie auf deinen Block oder in dein Heft.

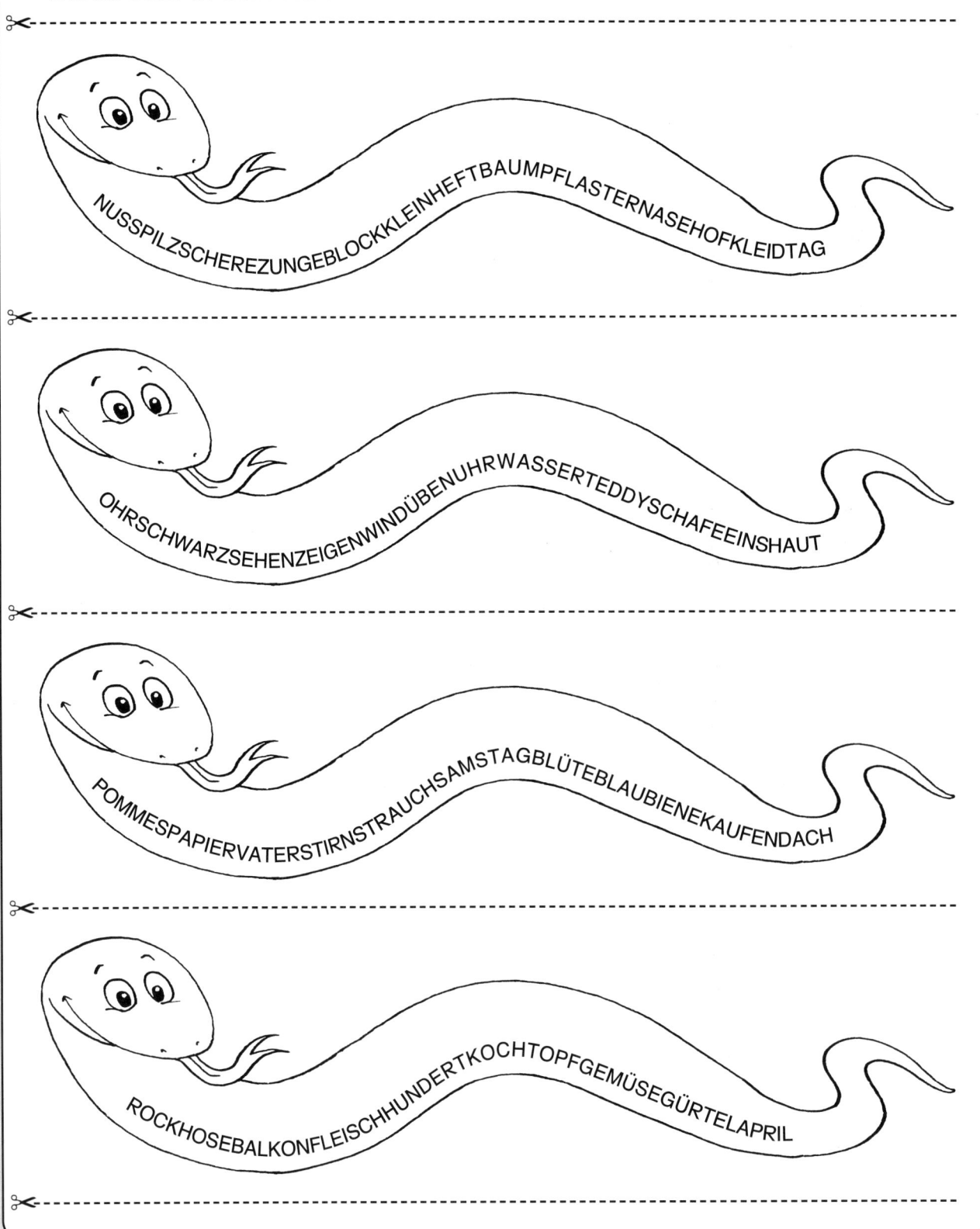

NUSSPILZSCHEREZUNGEBLOCKKLEINHEFTBAUMPFLASTERNASEHOFKLEIDTAG

OHRSCHWARZSEHENZEIGENWINDÜBENUHRWASSERTEDDYSCHAFEEINSHAUT

POMMESPAPIERVATERSTIRNSTRAUCHSAMSTAGBLÜTEBLAUBIENEKAUFENDACH

ROCKHOSEBALKONFLEISCHHUNDERTKOCHTOPFGEMÜSEGÜRTELAPRIL

Schlangenwörter

Lies die Schlangenwörter.
Markiere die Wortgrenzen mit einem Stift und schreibe die Wörter auf.
Erinnere dich dabei an die Groß- und Kleinschreibung!
Denke dir lustige Sätze mit den Wörtern aus. Schreibe sie auf deinen Block oder in dein Heft.

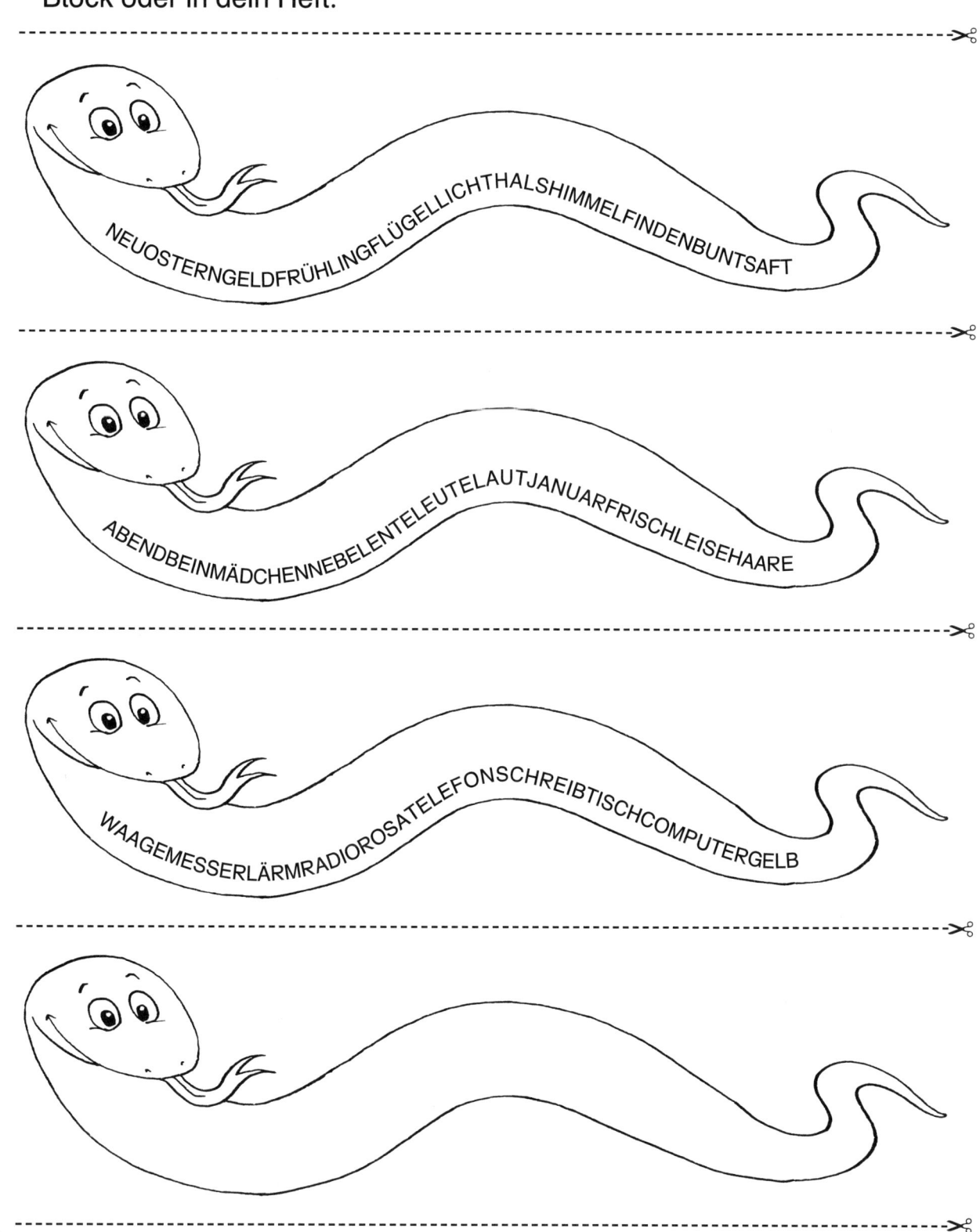

NEU OSTERN GELD FRÜHLING FLÜGEL LICHT HALS HIMMEL FINDEN BUNT SAFT

ABEND BEIN MÄDCHEN NEBEL ENTE LEUTE LAUT JANUAR FRISCH LEISE HAARE

WAAGE MESSER LÄRM RADIO ROSA TELEFON SCHREIBTISCH COMPUTER GELB

Kopiervorlage 26 — Wortgrenzen beachten

Raupensätze – Raupengeschichten

Lies die Geschichte und finde die Wortenden. Kennzeichne sie durch Bleistiftstriche. Am Satzende setze einen roten Punkt.

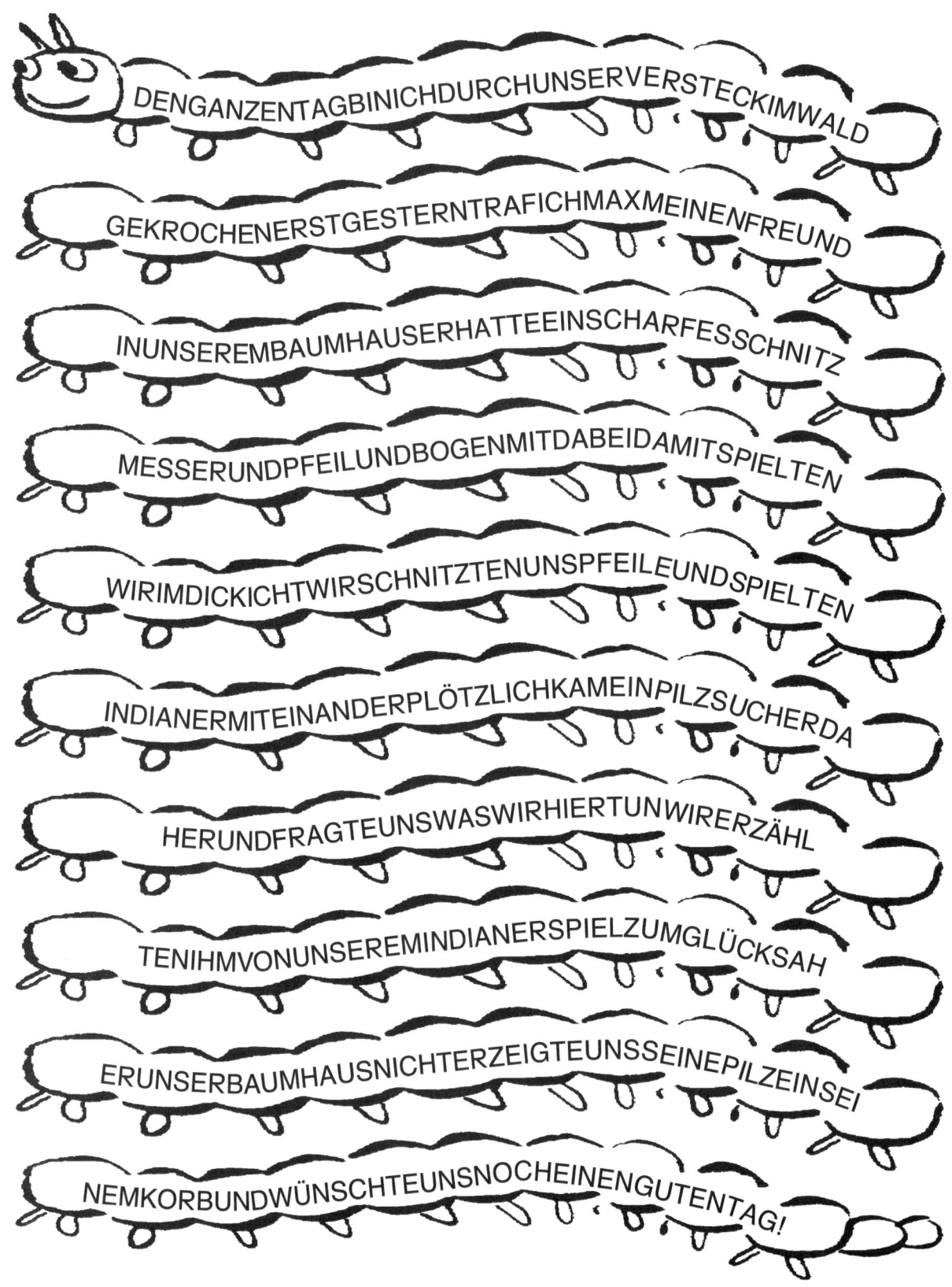

DENGANZENTAGBINICHDURCHUNSERVERSTECKIMWALD

GEKROCHENERSTGESTERNTRAFICHMAXMEINENFREUND

INUNSEREMBAUMHAUSERHATTEEINSCHARFESSCHNITZ

MESSERUNDPFEILUNDBOGENMITDABEIDAMITSPIELTEN

WIRIMDICKICHTWIRSCHNITZTENUNSPFEILEUNDSPIELTEN

INDIANERMITEINANDERPLÖTZLICHKAMEINPILZSUCHERDA

HERUNDFRAGTEUNSWASWIRHIERTUNWIRERZÄHL

TENIHMVONUNSEREMINDIANERSPIELZUMGLÜCKSAH

ERUNSERBAUMHAUSNICHTERZEIGTEUNSSEINEPILZEINSEI

NEMKORBUNDWÜNSCHTEUNSNOCHEINENGUTENTAG!

Lies die Geschichte jemandem vor oder lass sie dir vorlesen.

Lesegenauigkeit
Lesequadrate

Förderziele
- Schüler sollen das Dekorieren der Schrift in veränderter Lage üben.
- Schüler sollen Wortgrenzen entdecken und kennzeichnen.

Material
- KV 28–30, S. 52–54
- Schere, Bleistift, Buntstifte
- Ca. 15 kleine Knöpfe
- Block
- 2–3 Bögen großkariertes Papier

Vorarbeit des Lehrers / Erarbeitung durch die Kinder
Kopieren Sie die KV 28–30, S. 52–54 für jedes Kind und legen Sie sie entsprechend bereit. Stellen Sie auch alle weiteren Materialien bereit.
Entscheiden Sie selbst, ob Sie die KV 29 und 30 austeilen, ggf. ist ein weiteres Arbeitsblatt für Ihre Klasse ausreichend.

K 17 Lesequadrate

1. Markiere die Wortgrenzen durch senkrechte Striche und lege am Ende eines Wortes, das du im Quadrat lesen kannst, einen kleinen Knopf.

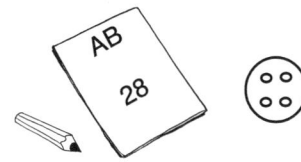

2. Gehe auf Wörtersuche.

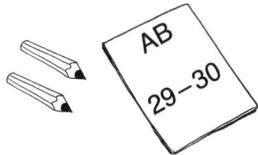

3. Schreibe die Wörter auf.

Lesen im Quadrat

Notiere die 11 Wörter. Bestimmt kannst du die Wörter auch ohne Blattdrehung lesen.

──── **lesen** ────→

K	U	G	E	L	L	I	M	O	N	A	D
N	A	L	E	O	S	T	E	R	H	A	E
E	H	T	E	C	K	K	A	S	T	S	F
D	C	S	S	C	H	R	A	N	E	E	L
A	S	E	R	T	A	S	C	K	N	N	A
L	N	B	E	L	H	E	H	B	W	N	S
O	E	T	I	A	C	R	E	Ü	A	E	C
K	N	A	R	G	Ü	T	N	C	F	S	H
O	A	L	F	E	R	R	E	H	F	T	E
H	N	A	E	G	S	I	E	L	E	K	T
C	A	S	L	E	F	O	T	R	A	R	O
S	B	T	A	L	A	S	N	E	T	A	M

←── **Quadrat** ────

(Links: **Wörter** ↑ ; Rechts: **im** ↓)

52   Lesegenauigkeit   Kopiervorlage 28

Wörtersuche

Zu jedem der 13 Bilder unten hat sich in jeder Zeile ein Wort versteckt. Wenn du eines gefunden hast, malst du das Bild aus und färbst das Wort immer mit einem anderen Farbstift.
Wenn du fertig bist, schreibe die Wörter auf einen Block oder in dein Heft.

M	I	E	L	S	F	T	A	V	H	O	S	E	W	B	P	D	C
X	N	A	S	C	H	N	E	C	K	E	F	H	J	S	G	B	L
C	P	D	F	H	U	S	G	I	L	R	M	U	K	R	A	N	K
R	M	E	S	S	E	R	L	E	H	X	F	G	H	U	V	P	X
A	G	I	J	L	V	D	Y	B	A	L	L	C	W	Y	S	O	Z
N	O	L	U	F	T	B	A	L	L	O	N	K	I	L	G	F	T
F	Q	V	Z	I	K	M	S	C	H	N	E	E	M	A	N	N	U
P	I	N	S	E	L	P	F	H	E	A	I	P	E	J	L	K	D
L	T	E	F	G	O	S	R	T	G	I	R	A	F	F	E	S	C
S	W	R	I	A	N	A	N	A	S	O	I	P	Y	Z	B	X	E
D	U	O	E	H	S	C	H	M	E	T	T	E	R	L	I	N	G
G	A	B	O	N	B	O	N	Z	R	V	G	K	N	A	E	W	S
F	Q	M	Z	F	R	X	S	W	K	M	O	N	D	W	P	N	Y

Kopiervorlage 29

Lesegenauigkeit 53

Wörtersuche im Quadrat

Kreise alle möglichen Wörter ein oder färbe sie mit Buntstiften ein.
Schreibe sie auf deinen Block oder in dein Heft.

i	n	w	i	r	u	n	d	a	m
i	s	t	h	a	b	e	n	e	s
ei	n	b	i	n	d	e	r	i	m
i	ch	f	ei	n	e	r	f	ü	r
w	a	r	j	a	d	a	s	d	u
f	ei	n	s	o	h	a	t	z	u
g	u	t	u	n	s	e	r	w	ie
m	ei	n	d	ie	au	f	d	e	m
ei	n	e	n	s	i	n	d	a	n
z	u	m	u	n	s	au	s	w	o

Finde eigene Wörter und notiere sie in dein Heft.

Lesegenauigkeit
Versteckte Wörter

Förderziele
- Schüler sollen Wörter innerhalb einer Buchstabenfolge erkennen.
- Schüler sollen zu vorgegebenen Oberbegriffen Unterbegriffe finden.
- Schüler sollen ihre Lese-Rechtschreib-Fertigkeiten verbessern.
- Schüler sollen ihre Aufmerksamkeit und Konzentration verbessern.

Material
- KV 31–32, S. 56–57
- Schere, Bleistift, Buntstifte
- Block oder Heft

Vorarbeit des Lehrers / Erarbeitung durch die Kinder
Kopieren Sie die KV 31 und 32, S. 56–57 und legen Sie diese bereit.
Die Kinder suchen auf den Arbeitsblättern Zeile für Zeile nach gesuchten Begriffen und markieren die gefundenen Wörter.
Dies geschieht zunächst in Einzelarbeit, die Kontrolle kann gemeinsam mit einem Partner erfolgen.
Besonders schnelle Kinder können weitere Tiere in einem Tierlexikon suchen und notieren.
Entscheiden Sie selbst, welches Arbeitsblatt Sie austeilen. Das zweite Arbeitsblatt kann als Differenzierung dienen.

| K 18 | Versteckte Wörter |    |

1. Suche versteckte Kleidungsstücke. Wie viele kannst du entdecken?
   Schreibe sie in dein Heft oder auf deinen Block.

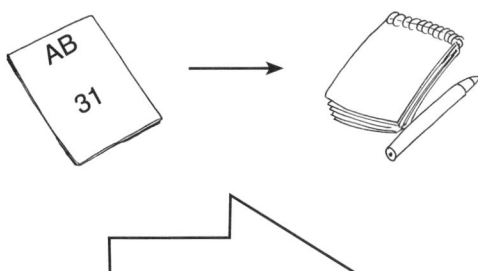

Tipp: Damit du die Zeile nicht verlierst, verwende den Lesepfeil.
Kontrolliere mit einem Partner.

Versteckte Wörter

Wie viele Kleidungsstücke entdeckst du?

1. FDSAWWFEWROCKJNNJKLJAFIRISDFHSAGCVBAYGÜRTELDFGFHVBCNCMDLALKDJFIREOT
2. JKLASDADCXERWTDFGSKAFHOSEAFDASDFSDLKVMÖLKSJDGERREGENMANTELQWSAADF
3. WQKRAWATTEDSFSDSFFBBXCYÖLKHGJURUFHAKAÜQPWOSKIANZUGASDDFFDDCXWQASI
4. ASAWMANTELDSAFGJBNCBFGRTEZWUWJHFGFFÖLKJFTURNHOSEASDDGHFGRTERWOQS
5. DAJACKEHFGTTURNSCHUHEJGFHFDGDTERASDFJKDSPXOCMFJDHEWQÖLKJFHERTEZDST
6. FDHJDSDJFHAKLIWUEHFFSJKDOAADSCHALWSJOGGINGANZUGASDASDJHJHFDERUEWOQ
7. QSOCKENHFSJHKASJHDFGJSDCNYYKFJFHGRZEIUDKDAÄÜPIOFKFMVJFADHOSENTRÄGER
8. ASDASFVGBHJKLOITZUTZRHJFJFDFGDHJKLKLGZRRESTRÜMPFEWEFSMÜTZEDSDFGHJKLÖI
9. ASDASDFFDLÖDÄSDFLGKRTOEORVJGSCHUHEDFGGTRTEFKFFHGDSSSDSTIRNBANDASDE
10. QWEBLUSEDSAHUTDASDDERJDFSGKLSSDFGIOREWPJGDLÜSAAPDFGKJDVMBVNVCBCXKI
11. SHEMDDFSFSFDERTWRTGHFHJKKIUOUKHGZTRZREZGHFHJZTRERERTGDHJJTSTIEFELZTT
12. JKGFLÖLDJKHDKSFGJERIWQPJAGÖDSGJSFDJGOERBADEHOSEGFDSGSERGSSAWESTEGF
13. DFGPULLOVERFDGDFGSERTTHHGFDGHJLKJUOZPRTPZUELEDERHOSEGFHJDSARFERRWT
14. GFDSDFGERHJJUZRWEWQADFGJHJBADEMANTELHJKJHGDRRWJEANSERTFSSFHHJJKLÖP
15. QWEDASDGFDKLSÖÄEROTGKGDSSSFGFVCCXYKLEIDBGTSEDRFGDSAEBADEANZUGFERT
16. WERERWTQRTZHGFHJKIUZTTTZUHJHANDSCHUHEJHGFSFDGHTRZREZETZHJDDANORAKJH

Kennzeichne die gefundenen Kleidungsstücke mit Farbstiften.
Schreibe die Wörter ins Heft.

Versteckte Wörter

Wie viele Tiere kannst du erkennen?

1. ADFRTZHBAMEISEASSDFHUNDXCGFDSWELLENSITTICHFGDFGHELEDFGHVFANGDGTZGFI
2. AWECFGBHHUNDRZRTEWDRTFVOGELHJZUPINGUINGHTZRRTFDPFERDSDFGHNILGHJKER
3. NILPFERDSDFGHGHGHGHHHRTEDSAEBERSDFGHWILDSCHWEINVBGFHIRSCHGFTREHBW
4. RENFTZRTEFDVWURMVBFGERTGRTZERSPERBERFGRTRTWESDADLERSDFGNASHORNVD
5. ERWEITERNDERGROPNGFSPECHTXCSEWHENNESDRETZTHAHNERTRZUIZTRHERINGDFDI
6. SDERGVBRATERWERTWÜHLMAUSASDSGFHTREKLAPPERSCHLANGEXWEWALHJBGRTZTR
7. SPINNESDFRRTZUJKMNREZUGVCXERTZKOLIBRIGHNERVBNACHTIGALLHJZUBOGENVEWR
8. ERPANTHERZUZEBRASTERWELTDFSREAMSELHJMNBVOURTERSDEISBÄRFWRTZUIOKLON
9. WANZENDESDERMALSERTENDFREIHGREDROSSELHGFDSDFINKFOLKLIGDVREADFGANSFI
10. TIGERFHAIGRZUINHJMAKRELENGEHAUFERTZUIOSCHNECKEAHUBENLÖWEALERCHESEDF
11. EXTRALEITERSDFRTZUDFVHFTRZUNHZBANDWURMBNGRTFRETERSTERZUKIUKÄFEROSDI
12. ESELEIGELGHTZRTDFSDAERFVBHZUNGTSPECHTDFEREWQQASFRWQUALLENSTREMSERI
13. FTZNUKIOLOCHSEVGTZTREWSDFGMAULESELEIGHEIDECHSEDFGHTZRUDROMEDARMFEJ
14. ERVOLGREICGTREWZUTIJNGCVDENMAIKÄFEREIBHZNMJGNUFGERFLIEGEGFDHECHTBFD
15. DSAGANSEWFSAFFEHHJSDGEPARTDOIFDGIRAFFEÖLFDSSCHILDKRÖTEWQADSMVFRADE
16. SDVFLELEFANTJHGKREJAGUARTWEVWESPEKASDQOBIENEKFLSÖAWERFRWEUGKRLAPR

Färbe die gefundenen Tiere mit Buntstiften an.
Schreibe die Tiere auf deinen Block oder in dein Heft.

Lesegenauigkeit
Ganz genau lesen / Wörter im Wort

Förderziele
- Schüler sollen vorgegebene Wörter innerhalb einer Buchstabenreihe erkennen.
- Schüler sollen den Wechsel der Leserichtung einüben.
- Schüler sollen den Zeilensprung sichern, Blickfixation festigen.
- Schüler sollen die semantische Abstraktionsfähigkeit durch die Worterkennung in einem Wort schulen.

Material
- KV 33–34, S. 59–60
- Heft oder Schreibblock
- Buchstabenkärtchen, Wörter dazu auf dem PC schreiben und ausdrucken

Vorarbeit des Lehrers / Erarbeitung durch die Kinder
Kopieren Sie die KV 33–34, S. 59–60 und legen Sie diese bereit.
Zur Erklärung von AB 34 können Sie den Kindern durch das Legen von Wörtern mit Buchstabenkärtchen deutlich machen: Hier steckt ein Wort im Wort.

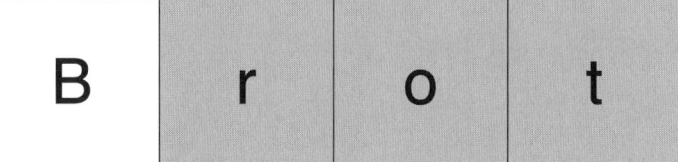

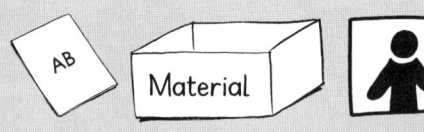

K 19   **Ganz genau lesen/ Wörter im Wort**

1.

2. Wie viele richtige Wörter hast du gefunden? Schreibe alle Wörter auf einen Block oder in dein Heft. Lies laut.

3.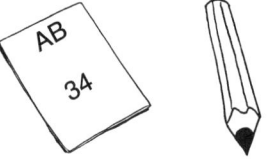

Ganz genau lesen

Lies genau und kreise das gesuchte Wort ein!

(Kasper) KasperaspterkapKasperperasasperKasperterpaKasperKas
KasperperkasperKasperperkastkasperKaspKasperKasperKasper
ksperpasrekkasrepsaKaspdrepsaKasperepsaKasperl

(Zahn) zehnZahnzehnZahnZangeZahnzehZahnZahnZahnnahZahnweh
ZangeZahneZungeZaunZangeZahnenzehnZehnerZinahZahnanZahn
anZahnahZahnh

(Schale) SchuleScheleSchalelascheleschulenSchalelaSchaleluSchalelas
SchaleSchaleSchalenaschenSchalennaschenSchalenaschenSchalenasche

(Mund) MandaMundusMudMondMundMendeMadMund
MandaMundusMudMondMundMendeMadMundManda

(Katze) KutscheKehrmaschine KatzeKältekommenKaffeeKuzeKapuze
KattzeKazzeKatzeKofferKlimaKanadaKarlKatzeKrawatteKatzeKimKuh

(ZANGE)	(SCHULE)	(POLIZEI)	(ZÄHNE)	(ZAHNARZT)
ZANGE	SCHULE	POLILEI	ZÄHEN	ZAHNARZT
ZAGNE	SCHULE	POLEIZI	ZÄENH	ZAHNARZT
ZANGE	SCHULE	POLIZEI	ZENHÄ	ZAHNTARZ
ZANGE	SCHLUE	POLIZEI	ZÄHNE	ZAHNRATZ
ZENGA	SCHLUHE	POLIZEI	ZÄHEN	ZAHNARZT
ZANGE	SCHULE	POLIZIE	ZÄHNE	ZAHNARZT

(Ameise) EisenmeisenAmeisenMiesmachmeisMeierEisAmeiseessenles
MeiseEisenEierAmeiseIsabellMeilenAmeiselesenessenAme

Wörter im Wort

Entdeckst du in den Wörtern neue Wörter? Male sie mit einem gelben Farbstift an.

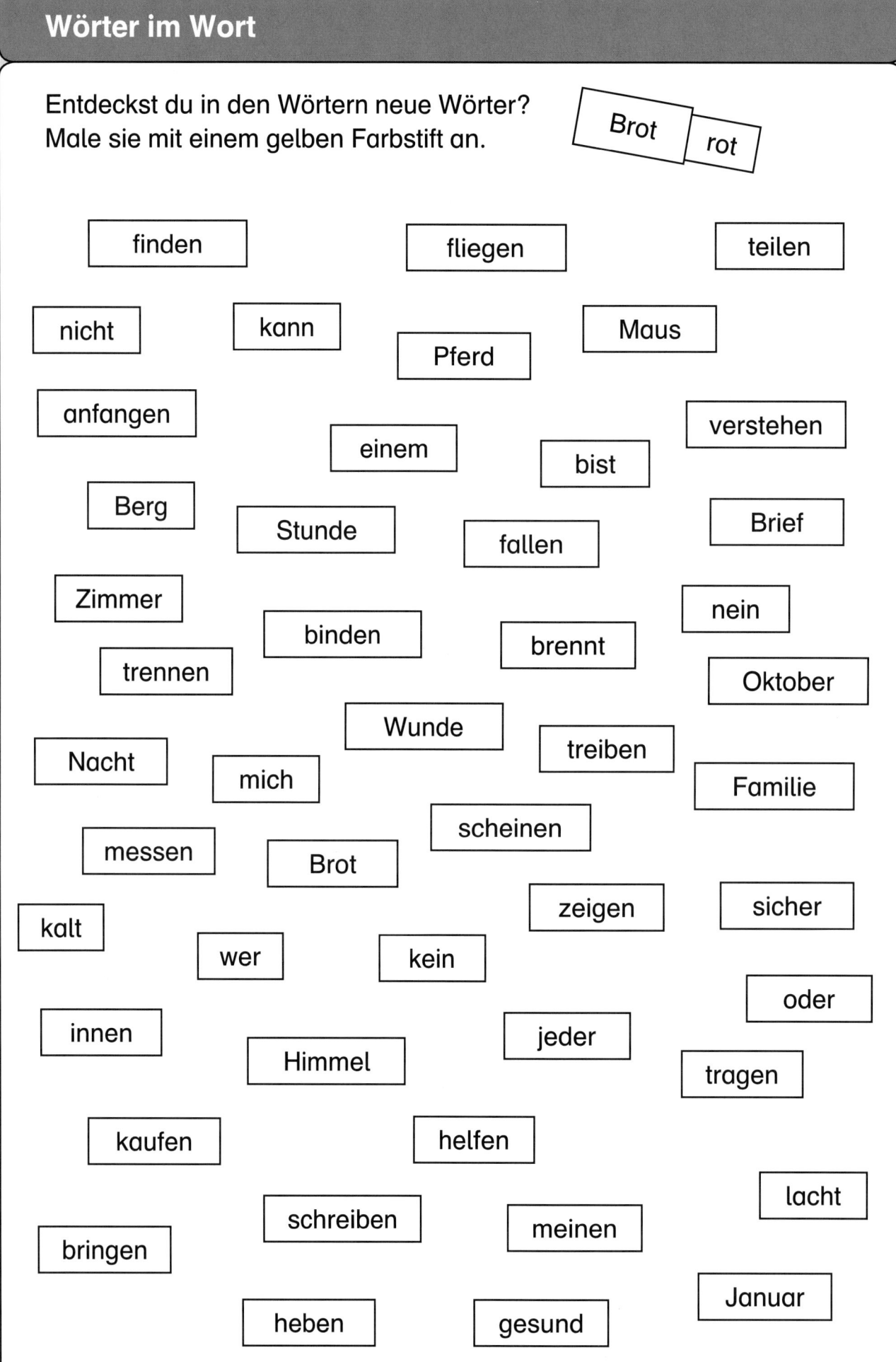

Worterkennung
„Tauschwörter – Wauschtörter"

Förderziele
- Schüler sollen in ähnlichen Buchstabenreihen vorgegebene Wörter finden.
- Schüler sollen den Wechsel der Leserichtung üben.
- Schüler sollen den Zeilensprung sichern, die Blickfixation festigen.
- Schüler sollen die semantische Abstraktionsfähigkeit schulen.

Material
- KV 35–37, S. 62–64
- Schere, Bleistift, Buntstifte
- Ggf. Buchstabenkärtchen
- Leseschuber, S. 65

Vorarbeit des Lehrers / Erarbeitung durch die Kinder
Kopieren Sie die KV 35–37, S. 62–64 und legen Sie diese bereit. Es empfiehlt sich, den Kindern die Aufgabe an Beispielen zu erklären. Das gelingt für KV 35, indem Sie für die Kinder Buchstabenkärtchen vorbereiten, die Sie durcheinander an die Tafel kleben. Die Kinder lesen die Buchstaben und versuchen, das richtige Wort zu erraten. Sie lösen das Rätsel auf. Die KV 36 erklärt sich durch die Aufgabenstellung, KV 37 können Sie als Differenzierung einsetzen.

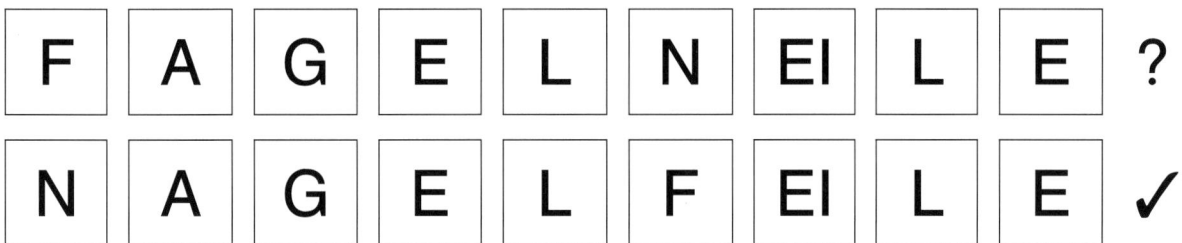

K 20 „Tauschwörter – Wauschtörter"

1.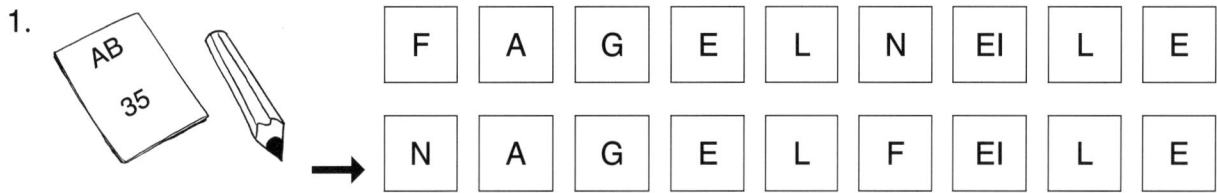

2.

Lies die seltsamen Wörter. Verwende den Leseschieber.

Tauschwörter – Wauschtörter

Kannst du die Wörter lesen und entschlüsseln?
Schreibe das richtige Wort auf die leere Zeile. Bilde 10 Sätze mit diesen Wörtern. Schreibe sie auf.

FAGELNEILE _____   TÜLLMONNE _____

STINTERWIEFEL _____ BOLKENWRUCH _____

HUSIKMEFT _____   ZUGFLEUG _____

TOSCHFREICH _____   TOCHKOPF _____

BUHLSTEIN _____   RAHNZAD _____

SCHWATZENKANZ _____ BOGELVEIN _____

NALBENSCHWEST _____ ZACHDIEGEL _____

BIMMELHETT _____   TACHELSTIER _____

TIRSCHKORTE _____   SCHAUSHUH _____

GRESSERMIFF _____   GACHDARTEN _____

STAUKELSCHUHL _____ SCHLARTENGAUCH _____

PURSTWELLE _____   TRANKSCHÜR _____

BRENSTERFETT _____   SCHINDERKAUKEL _____

BROLKENWUCH _____   LECKENDEUCHTE _____

ROTORMAD _____   FACHDENSTER _____

SCHUSSNALE _____   DINDBLARM _____

Seltsame Wörter

Lies ganz genau Zeile für Zeile. Verwende deinen Leseschieber.
Kreise das richtige Wort ein.

die Risone
die Roseni
die Rosine

Die Arongen
die orangen Orangen
die runden Erangon

viel Rosmiran
viel Rismaron
noch mehr Rosmarin

eine hohe Letarne
eine noch höhere Laterne
die höchste Leterna

die freche Maniko
die faule Minako
die fleißige Monika

eine feine Schokolade
eine süße Schekalodo
eine leckere Schokalode

die krumme Banena
die gelbe Benana
eine gesunde Banane

neue Kartoffeln
alte Kortaffeln
uralte Kertaffoln

frischer Blomenkuhl
weißer Blumenkohl
frischester Blemonkuhl

zwei saure Zitrenon
drei saure Zitronen
vier saure Zetrinon

eine Schableno
noch eine Schoblena
und noch eine Schablone

ein flinkes Kinanchen
zwei flinke Kenanchin
drei flinke Kaninchen

saftige Melonen
weiche Molenen
harte Melenon

die laute Sirene
die leise Serine
die Feuerwehrsereni

drei Betturbrote
zwei Butterbrote
fünf Botterbrute

eine feine Prilane
eine frische Prelani
eine köstliche Praline

weiße Wauntreiben
blaue Wentraubein
rote Weintrauben

kleine Redieschan
kleinere Riedaschen
riesengroße Radieschen

Aufgepasst: Seltsame Spaßverse

Viele Fliegen riechen
an einer Zwiebel.

Sieben Ziegen spielen
mit weicher Seife.

Vier Bienen schmieren
Leim auf die Beine.

Briefe fliegen als
Sieger ins Ziel.

Tiere quieken, wenn
sie Flieder riechen.

Auf tiefen Wiesen kriechen
wieder schiefe Riesen …

Viele Fleigen reichen
an einer Zweibel.

Sieben Zeigen spielen
mit wiecher Siefe.

Vier Beinen schmieren
Liem auf die Biene.

Briefe fleigen als
Seiger ins Zeil.

Tiere queiken, wenn
sie Fleider reichen.

Auf tiefen Weisen kreichen
wieder scheife Reisen …

Veile Fliegen riechen
an iener Zweibel.

Seiben Ziegen speilen
mit weicher Siefe.

Breife fliegen als
Sieger ins Zeil.

Teire quieken, wenn
Sei Flieder reichen …

Lesetempo steigern
Kleine Spiegelei

Förderziele
- Schüler sollen durch Vorgabe kurzer Wörter im Listenformat die Lesegeschwindigkeit steigern.
- Schüler sollen den Bedeutungsgrad von Funktionswörtern im grammatikalischen Sprachaufbau erkennen.
- Schüler sollen durch den Wechsel der Leserichtung Wörter auch spielelbildlich und „über Kopf" üben.
- Schüler sollen lernen, ihre visuelle Wahrnehmungsfähigkeit zu schulen.

Material
- KV 38–40, S. 66–68
- Schere, Bleistift, Block
- Lupe, kleiner Handspiegel
- Lesepfeil

Vorarbeit des Lehrers / Erarbeitung durch die Kinder
Kopieren Sie KV 38–40, S. 66–68. Legen Sie ebenfalls Lesepfeile, Lupen, Handspiegel bereit. Lesepfeile können Sie ganz schnell selbst herstellen. Benutzen Sie einfach diese Vorlage. Die Übungen lassen sich auch in Partnerarbeit durchführen. KV 40 dient dabei als Differenzierungsangebot.

K 21   **Kleine Spiegelei**

1.

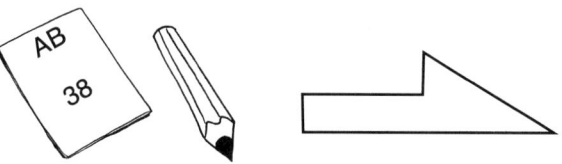

2.

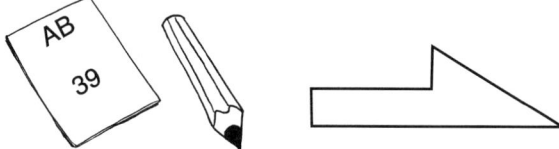

Blitzlesen von kurzen Wörtern

Lies von oben nach unten und umgekehrt. Lies auch jemandem vor, so schnell du kannst. Verwende deinen Lesepfeil.

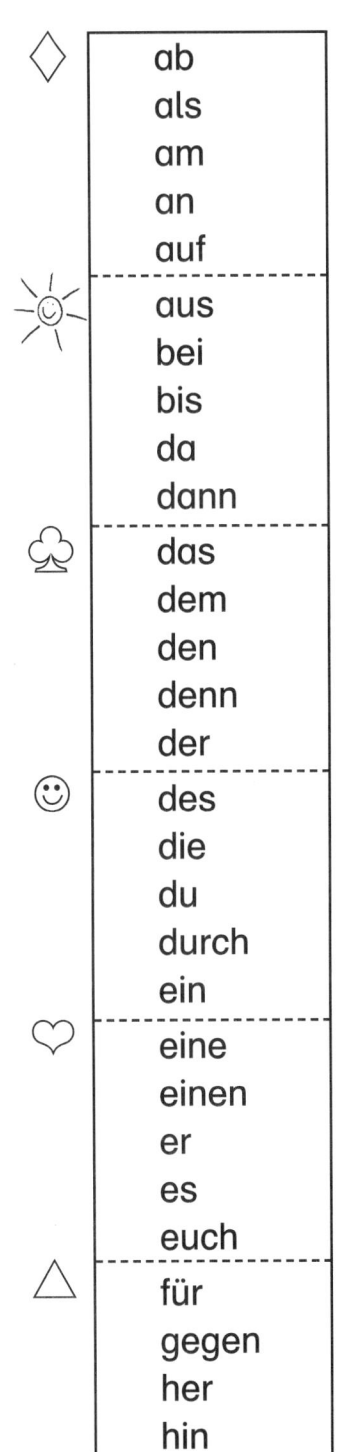
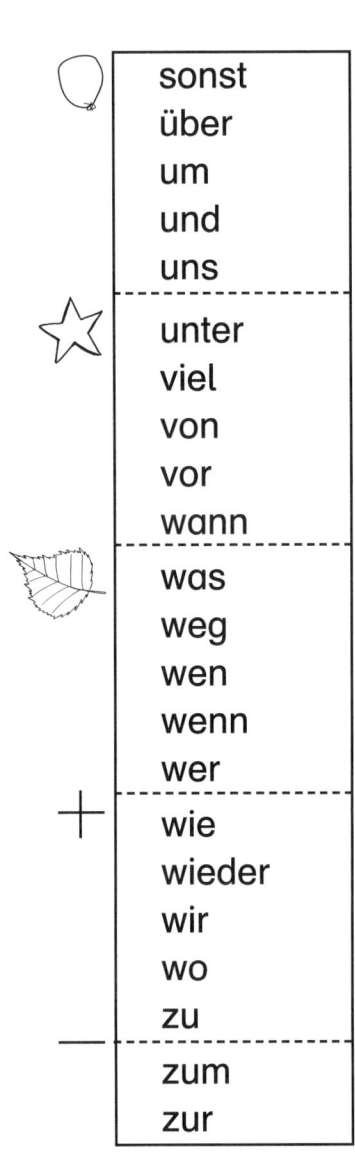

ab	ihm	sonst
als	ihn	über
am	ihnen	um
an	ihr	und
auf	im	uns
aus	in	unter
bei	ins	viel
bis	ist	von
da	ja	vor
dann	keine	wann
das	mal	was
dem	man	weg
den	mehr	wen
denn	meine	wenn
der	mich	wer
des	mit	wie
die	nach	wieder
du	nein	wir
durch	nicht	wo
ein	nie	zu
eine	ob	zum
einen	oder	zur
er	oft	
es	ohne	
euch	schon	
für	sein	
gegen	seine	
her	sich	
hin	sie	
ich	so	

Kannst du laut, leise, schnell, flüsternd, von oben oder von unten lesen?

Kurze gespiegelte Wörter lesen

Kurze gespiegelte Worte lesen!

Lies die Wörter laut und leise und schreibe sie auf deinen Block oder in dein Heft. Vergleiche.

○	sonst / über / um / und / uns	☽	ihm / ihn / ihnen / ihr / im	◇	ab / als / am / an / auf
☆	unter / viel / von / vor / wann	✿	in / ins / ist / ja / keine	☀	aus / bei / bis / da / dann
🍃	was / weg / wen / wenn / wer	◯	mal / man / mehr / meine / mich	♣	das / dem / den / denn / der
+	wie / wieder / wir / wo / zu	△	mit / nach / nein / nicht / nie	☺	des / die / du / durch / ein
–	zum / zur	▢	ob / oder / oft / ohne / schon	♡	eine / einen / er / es / euch
		▥	sein / seine / sich / sie / so	△	für / gegen / her / hin / ich

Kopiervorlage 39 — Lesetempo steigern 67

Kopfüber Lupenlesen

Welches Wort passt zum Bild?

 Schaffell Schatz Schutz scharf Schaf Schaf schlimm Schloss Schaf Schal Schuh

 Saft Sägewerk Säbel säen Säge Säge Sämaschine Salat Sägeblatt sägen

 Luftpost Luft luftig Luftballon Lobgesang Luise Luftballon Heißluftballon Ballspiel

 Los Licht Lob Löwe Tor Götterspeise Löwe stöbern grob dösen

 Stern Stab Städte Staaten Star stumm Stube streben Stern Cent Stop

 Flasche Tischdecke Tasche Taschengeld Tascheninhalt Flaschenhals Taschenlampe

 Katze gestern Kerker Kater Kerzenständer Eisenerz Käse Nerze Kerze Kiste

 Etui Elefant Esel Ente Efeu Eis Eule Fisch Ei Beute Leute Meute

 Ähre Apfelmus Apfelkompott Apfelbaum Apfelkuchen Abfalleimer Apfel Fallobst

Wind wünschen Wunsch Würfel Wüste Würste Würfelbecher Würfel wild wie

Kurzwörter / Wortpaare
Blitzlesen

Förderziele
- Schüler sollen Minimalpaare simultan erfassen.
- Die Schüler sollen die Worterkennungsgeschwindigkeit durch lautes Lesen erhöhen.
- Die Schüler sollen Wortpaare auch in Spiegelschrift lesen und rekodieren und sich dabei den Richtungswechsel beim Lesen bewusst machen.

Material
- KV 41–44, S. 70–73
- Schere, Bleistift
- Handspiegel, Kleber
- Block bzw. Heft
- Lesepfeil, S. 65

Vorarbeit des Lehrers / Erarbeitung durch die Kinder
Kopieren Sie die KV 41–44, S. 70–73 und legen Sie diese bereit. Die Kinder können zunächst nur mit zwei Kopiervorlagen (KV 41–42) arbeiten oder Sie bieten zwei Alternativen (KV 41/42 und KV 43/44) an. Legen Sie ebenfalls Lesepfeile und Handspiegel bereit. Lesepfeile können Sie ganz schnell selbst herstellen. Benutzen Sie einfach die Vorlage von S. 65.

K 22 Blitzlesen

1. Lies die Wörter der ersten Vorlage mehrmals laut vor. Du kannst dazu einen Lesepfeil verwenden.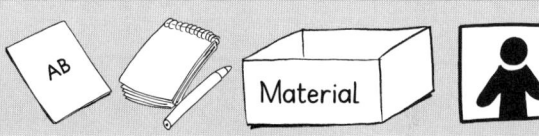

2. Lies die Wörter der zweiten Vorlage mehrmals laut vor. Benutze einen Spiegel und den Lesepfeil, dann kannst du die Wörter gut lesen.
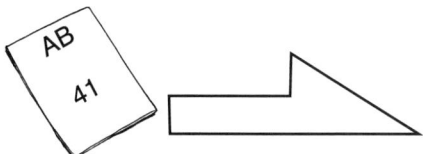

3. Schneide die Kärtchen der beiden Vorlagen auseinander. Welche Kärtchen gehören zusammen? Lege sie nebeneinander.

 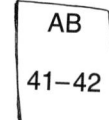  

 Du kannst die richtigen Kärtchen auch zusammenkleben. So entsteht ein schönes Spiel mit Lösungen.

Blitzlesen von Wortpaaren 1

Lies die Wortpaare mehrmals. Werde dabei schneller.
Bastle Lesewendekarten mit dem Arbeitsblatt 42.

Mond Mund	Gesicht Gericht	Satz Latz
Tasse Kasse	Nase Vase	Tuch Buch
singen ringen	Kiefer Schiefer	tot tut
Bad Rad	Ritz Sitz	Zahn Kahn
Leine Beine	Schiff Pfiff	Uhr Ohr
Ruder Puder	Koch Loch	Teller Keller
Horn Korn	Lohn Sohn	Flasche Tasche
Kegel Segel	Hammer Kammer	Faden Laden
Kopf Zopf	Meer Teer	Decke Zecke

Wortpaare in Spiegelschrift lesen – kannst du das?

Wortpaare in Spiegelschrift lesen – kannst du das?

Lies die Wörter laut und leise.
Bastle Lesewendekarten mit dem Arbeitsblatt 41.

Satz / Latz	Gesicht / Gericht	Mond / Mund
Tuch / Buch	Nase / Vase	Tasse / Kasse
tot / tut	Kiefer / Schiefer	singen / ringen
Zahn / Kahn	Ritz / Sitz	Bad / Rad
Uhr / Ohr	Schiff / Pfiff	Leine / Beine
Teller / Keller	Koch / Loch	Ruder / Puder
Flasche / Tasche	Lohn / Sohn	Horn / Korn
Faden / Laden	Hammer / Kammer	Kegel / Segel
Decke / Zecke	Meer / Teer	Kopf / Zopf

Blitzlesen von Wortpaaren 2

Lies die Wortpaare mehrmals. Werde dabei schneller. Schreibe die Wortpaare in dein Heft. Bastle Lesewendekarten mit dem Arbeitsblatt 44.

Baum Raum	Tische Tasche	rennen kennen	Satz Latz	Mond Mund	Gesicht Gericht
Müller Füller	Fisch Tisch	Keil Beil	Tuch Buch	Tasse Kasse	Nase Vase
Hose Rose	Bach Fach	Brot Brut	tot tut	singen ringen	Kiefer Schiefer
Topf Schopf	Wanne Kanne	satt matt	Zahn Kahn	Bad Rad	Ritz Sitz
Satz Sitz	Mütze Pfütze	Biene Beine	Uhr Ohr	Leine Beine	Schiff Pfiff
Eis Reis	Regen fegen	Kirche Kirschen	Teller Keller	Ruder Puder	Koch Loch
Tor Tür	Hahn Huhn	Zange Zunge	Flasche Tasche	Horn Korn	Lohn Sohn
Kuh Schuh	Feuer teuer	Nadel Nagel	Faden Laden	Kegel Segel	Hammer Kammer
Wiese Riese	Wind Kind	Bett fett	Decke Zecke	Kopf Zopf	Meer Teer

Noch mehr Wortpaare in Spiegelschrift entschlüsseln!

Lies die Wörter laut und leise. Kannst du die Wortpaare auch richtig aufschreiben? Bastle Lesewendekarten mit dem Arbeitsblatt 43.

Baum / Raum	Tische / Tasche	rennen / kennen	Satz / Latz	Mond / Mund	Gesicht / Gericht
Müller / Füller	Fisch / Tisch	Keil / Beil	Tuch / Buch	Tasse / Kasse	Nase / Vase
Hose / Rose	Bach / Fach	Brot / Brut	tot / tut	singen / ringen	Kiefer / Schiefer
Topf / Schopf	Wanne / Kanne	satt / matt	Zahn / Kahn	Bad / Rad	Ritz / Sitz
Satz / Sitz	Mütze / Pfütze	Biene / Beine	Uhr / Ohr	Leine / Beine	Schiff / Pfiff
Eis / Reis	Regen / fegen	Kirche / Kirschen	Teller / Keller	Ruder / Puder	Koch / Loch
Tor / Tür	Hahn / Huhn	Zange / Zunge	Flasche / Tasche	Horn / Korn	Lohn / Sohn
Kuh / Schuh	Feuer / teuer	Nadel / Nagel	Faden / Laden	Kegel / Segel	Hammer / Kammer
Wiese / Riese	Wind / Kind	Bett / fett	Decke / Zecke	Kopf / Zopf	Meer / Teer

Lesetempo steigern
Lesetürme

Förderziele
- Schüler sollen prägnante Merkmale innerhalb der Buchstabenfolge von Wörtern erkennen, beschreiben und markieren.
- Schüler sollen dadurch ihr Lesetempo steigern und Sicherheit im Lesen gewinnen.
- Schüler sollen ihren Wortschatz durch Wortbedeutungserklärungen erweitern.

Material
- KV 45–47, S. 75–77
- Block bzw. Heft
- Schere, Buntstifte
- Karton der Größe 12 x 15 cm bzw. fertige Leseschieber
- Lupe, kleiner Handspiegel

Vorarbeit des Lehrers / Erarbeitung durch die Kinder
Kopieren Sie die KV 45–47, S. 75–77 und legen Sie diese bereit. Legen Sie ebenfalls die Leseschieber bereit. Diese können Sie selbst ganz einfach herstellen, indem Sie in den Karton in der Mitte ein 7 x 1 cm großes Sichtfenster hineinschneiden. Die Kinder fokussieren einzelne Wörter mit diesem Leseschieber. Fertige Leseschieber erhalten Sie aber auch im Lehrmittelhandel.

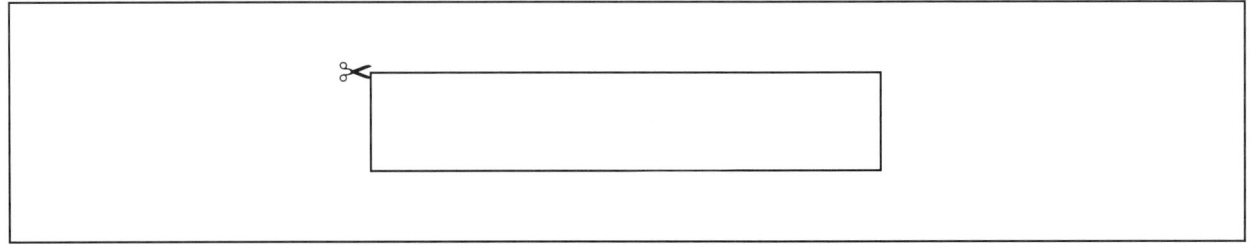

1. Lies die Wörter in den Lesetürmen mehrmals deutlich vor: laut, leise, von oben nach unten, von unten nach oben.

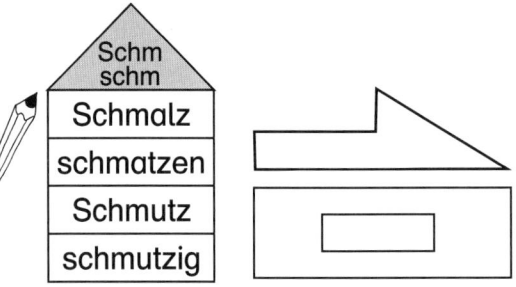

2. Nimm einen Leseturm. Nenne deinem Partner ein Wort, er muss es im Leseturm finden und aufschreiben. Nun bist du an der Reihe.

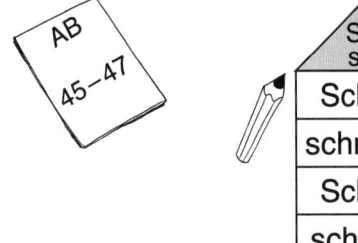 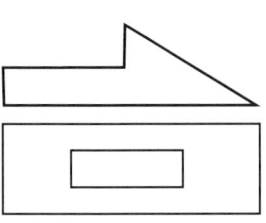

Lesetürme

Lies die Wörtertürme in verschiedenen Richtungen laut und leise.
Färbe gleiche Wortteile mit einem Farbstift.

Schm / schm	Schr / schr	Schn / schn
Schmalz	Schrank	schnell
schmatzen	schräg	schneien
Schmutz	Schramme	Schnee
schmutzig	Schraube	Schnabel
schmalzig	schrauben	Schnuller
schmal	Schreck	Schnecke
schmusen	schrecklich	schnippen
schmunzeln	schreiben	schneiden
schmeißen	Schrift	Schnitt
Schmuck	schreiten	Schnorchel
schmollen	Schritt	Schnur
schmecken	Schrott	schnüren
schmeicheln	schrumpfen	Schnupfen
schmelzen	schrubben	schnurren
schmieren	Schrubber	schnuppern
Schmied	schrill	Schnauze

Kopiervorlage 45

Lesetempo steigern 75

Lesetürme

Lies die Wörtertürme in verschiedenen Richtungen laut und leise.
Färbe gleiche Wortteile mit einem Farbstift.

Tr / tr	Str / str	Sp / sp
Traum	Straße	Spiegel
träumen	Strauch	Spuren
Treppe	streicheln	Spule
trinken	streuen	spielen
traurig	Strümpfe	Spiel
treffen	Strahlen	Spaß
Tropfen	streunen	Spinne
treiben	streiten	Spinat
trösten	Streit	spannend
Traktor	Stroh	spaßig
tragen	Strafe	Speer
trampeln	Strich	sperren
trennen	Streifen	sparen

Schreibe Wörter auf, lass dir Wörter diktieren und bilde Sätze.

Lesetürme

Lies die Wörtertürme in verschiedenen Richtungen. Formuliere zu Wörtern sinnvolle Sätze. Markiere gleiche Wortteile mit einem Buntstift.

ach	ein	br
Fach	weinen	brennen
Krach	eins	braten
Dach	klein	breit
lachen	mein	braun
Sachen	fein	Brand
machen	einem	Braten
Bach	Bein	Brause
Achtung	scheinen	brummen
nach	dein	bremsen
Nacht	Feind	brausen
Schlacht	Stein	Bremen
aufwachen	einpacken	Bremse
wach	einfach	Brot
aufmachen	einem	Bruder
Rachen	einen	Brocken
Drachen	einer	Brunnen
achten	herein	Brücke

Signalgruppen
Kuchen-, Bäume-, Regenwörter…

Förderziele
- Schüler sollen gleiche Buchstabenfolgen und Wortteile ganzheitlich erfassen.
- Schüler sollen die Veränderung des Sinngehalts durch verschiedene Wortzusammensetzungen wahrnehmen.
- Schüler sollen durch Worterklärungen ihre mündliche Ausdrucksfähigkeit erweitern.
- Schüler sollen ihre Sozialkompetenz verbessern.

Material
- KV 49–51, S. 79–82
- Papier
- Buntstifte
- Karton der Größe 12 x 15 cm bzw. fertige Leseschieber
- Stempelkasten mit Stempelkissen

Vorarbeit des Lehrers/Erarbeitung durch die Kinder
Kopieren Sie die KV 49–51, S. 79–82 und stellen Sie diese bereit.

K 24 — Kuchen-, Bäume-, Regenwörter…

 1. Suche dir ein Blatt aus. Lies nun alle Wörter deutlich vor, kreise immer gleiche Wortteile mit einem Buntstift ein.

AB 48–51

 2. Überlegt euch ein Thema und findet dazu gemeinsam Wörter, genau wie bei den „Bäumen", beim „Kuchen" oder „Regen".

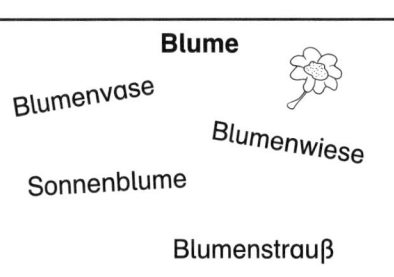

Blitzlesen „Bäume"

Baumhaus
Baumkrone
Baumstamm
Baumwurzel
Baumrinde
Baumwipfel
Baumast
Baumschere

Birn**baum**
Apfel**baum**
Pfirsich**baum**
Tannen**baum**
Mandel**baum**
Linden**baum**
Purzel**baum**
Zwetschgen**baum**
Kirschen**baum**
Lorbeer**baum**
Kastanien**baum**
Gummi**baum**

Blitzlesen „Kuchen"

Kuchenteller
Kuchenguss
Kuchenform
Kuchengitter
Kuchengewürz
Kuchengabel
Kuchenfreund
Kuchenstück
Kuchenrest
Kuchenblech

Leb**kuchen**
Apfel**kuchen**
Mandel**kuchen**
Birnen**kuchen**
Obst**kuchen**
Kirsch**kuchen**
Gewürz**kuchen**
Schokoladen**kuchen**
Nuss**kuchen**
Erdbeer**kuchen**

Blitzlesen „Regen"

Lies die Wörter genau. Welche Wörter passen nicht?

Regenschirm	**Regen**kleidung	**Regen**wurm
Regensuppe	**Regen**tasse	**Regen**tonne
Regentropfen	**Regen**teller	**Regen**haube
Regenteppich	**Regen**mantel	**Regen**schauer
Regenschwamm	**Regen**bogen	
Regenpfütze	**Regen**papier	Platz**regen**
Regenwasser	**Regen**korb	Niesel**regen**
Regentafel	**Regen**wolke	
Regenwetter	**Regen**zahn	ver**regnet**

Kopiervorlage 50

Signalgruppen 81

Blitzlesen „Häuser"

Haustür	Hoch**haus**
Hausmeister	Gemeinde**haus**
Hausbau	Feuerwehr**haus**
Haustier	Kauf**haus**
Hausmauer	Pfarr**haus**
Hausnummer	Rat**haus**
Haustürschlüssel	Karten**haus**
Haustreppe	Park**haus**
Hauseingang	Schul**haus**
Hausmittel	Gast**haus**
Hausfenster	Kranken**haus**
Hausdach	Reihen**haus**
Hausanbau	Schnecken**haus**

Überschauendes Lesen
Leseberge

Förderziele
- Schüler sollen üben, den Blick konstant zu halten, um dem Zeilenverlust vorzubeugen.
- Schüler sollen die mündliche Ausdrucksfähigkeit durch Auffinden weiterer mehrsilbiger Wörter steigern.

Material
- KV 52–55, S. 84–87
- Lesepfeil, S. 65
- Schere, Kleber
- Buntstifte
- Block
- Ggf. Pappe, Laminierfolie

Vorarbeit des Lehrers/Erarbeitung durch die Kinder
Kopieren Sie die KV 52–55, S. 84–87 und legen Sie diese bereit. Stellen Sie auch eine leere Bergvorlage zur Verfügung. Sie können die Leseberge im Vorfeld alternativ schon vorbereiten, dann können die Kinder gleich in die eigentliche Arbeit einsteigen. Malen Sie die Berge dazu an und laminieren Sie sie. Sie können die Leseberge einzeln anbieten. Legen Sie ebenfalls die Lesepfeile bereit. Diese können Sie selbst ganz einfach herstellen, indem Sie die Vorlage von S. 65 kopieren und ausschneiden, ggf. können Sie die Vorlage auch auf Pappe kleben und laminieren.

| K 25 | **Leseberge** | | | |

 1. Lies die Wörter in den Lesebergen zuerst leise.

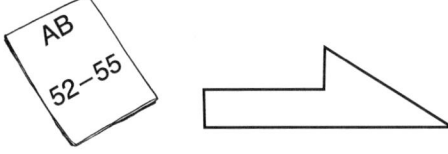

 2. Suche dir 2 Partner. Jeder liest einen Leseberg vor. Nun tauscht die Berge aus und lest wieder einander vor.

Kind 1   Kind 2   Kind 3

 3. Kennt ihr eigene Leseberge? Schreibt Sie in die leere Bergvorlage.

Li
Limo
Limonaden

Leseberge

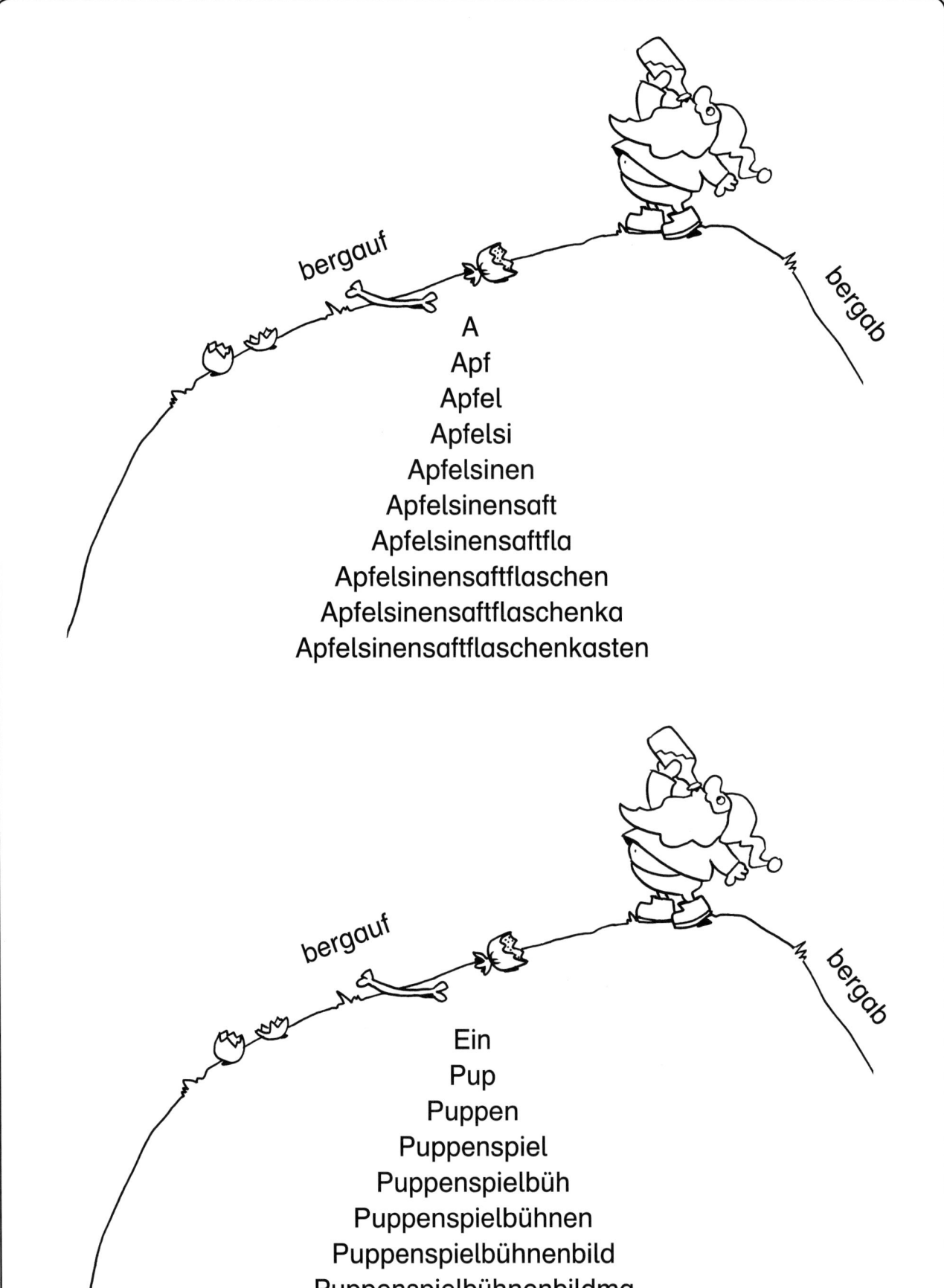

bergauf — bergab

A
Apf
Apfel
Apfelsi
Apfelsinen
Apfelsinensaft
Apfelsinensaftfla
Apfelsinensaftflaschen
Apfelsinensaftflaschenka
Apfelsinensaftflaschenkasten

bergauf — bergab

Ein
Pup
Puppen
Puppenspiel
Puppenspielbüh
Puppenspielbühnen
Puppenspielbühnenbild
Puppenspielbühnenbildma
Puppenspielbühnenbildmaler

Leseberge

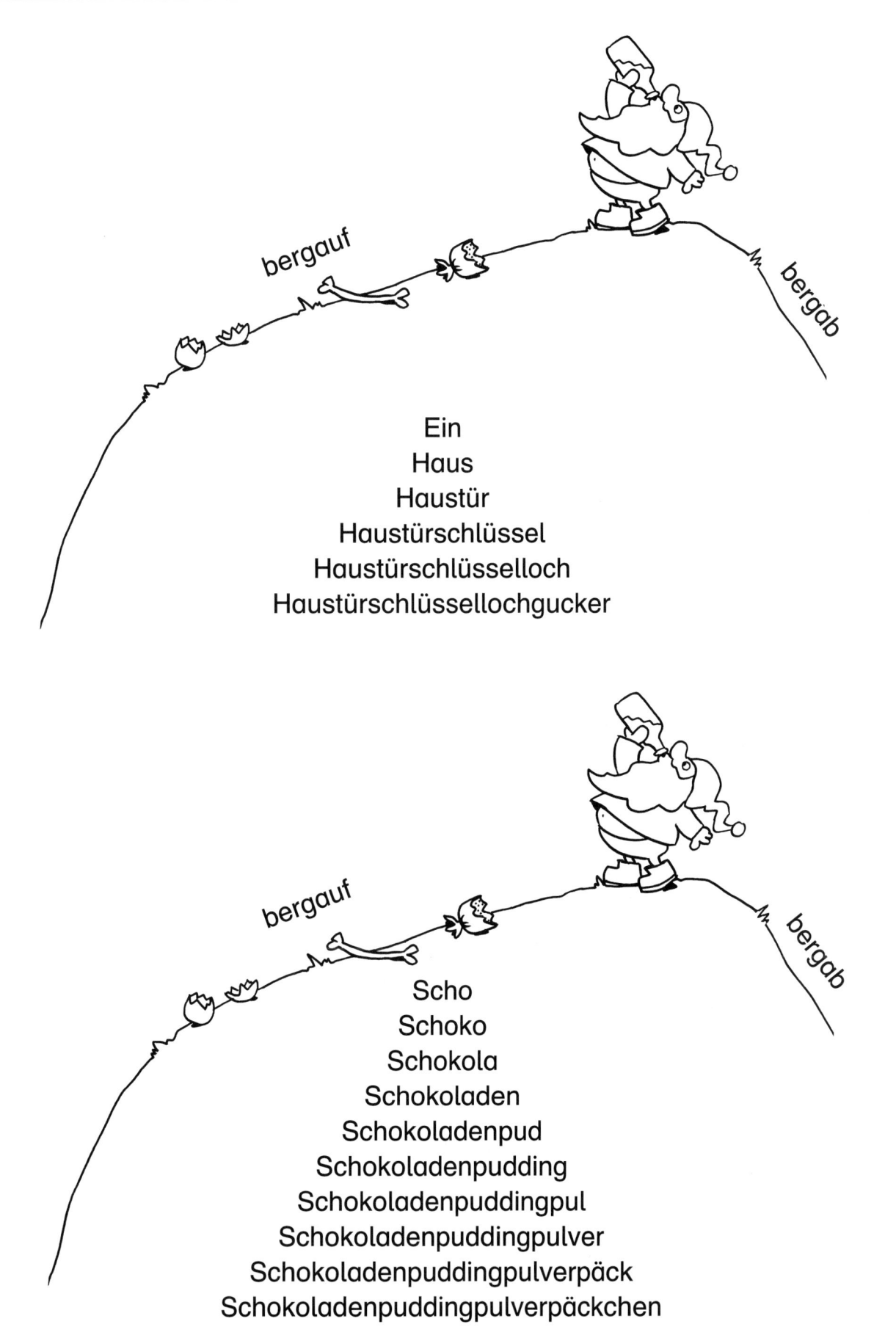

Ein
Haus
Haustür
Haustürschlüssel
Haustürschlüsselloch
Haustürschlüssellochgucker

Scho
Schoko
Schokola
Schokoladen
Schokoladenpud
Schokoladenpudding
Schokoladenpuddingpul
Schokoladenpuddingpulver
Schokoladenpuddingpulverpäck
Schokoladenpuddingpulverpäckchen

Leseberge

bergauf   bergab

Auf
Auf einem
Auf einem Baum
Auf einem Baum wohnt
Auf einem Baum wohnt eine
Auf einem Baum wohnt eine alte
Auf einem Baum wohnt eine alte, sprechende
Auf einem Baum wohnt eine alte, sprechende Krähe.

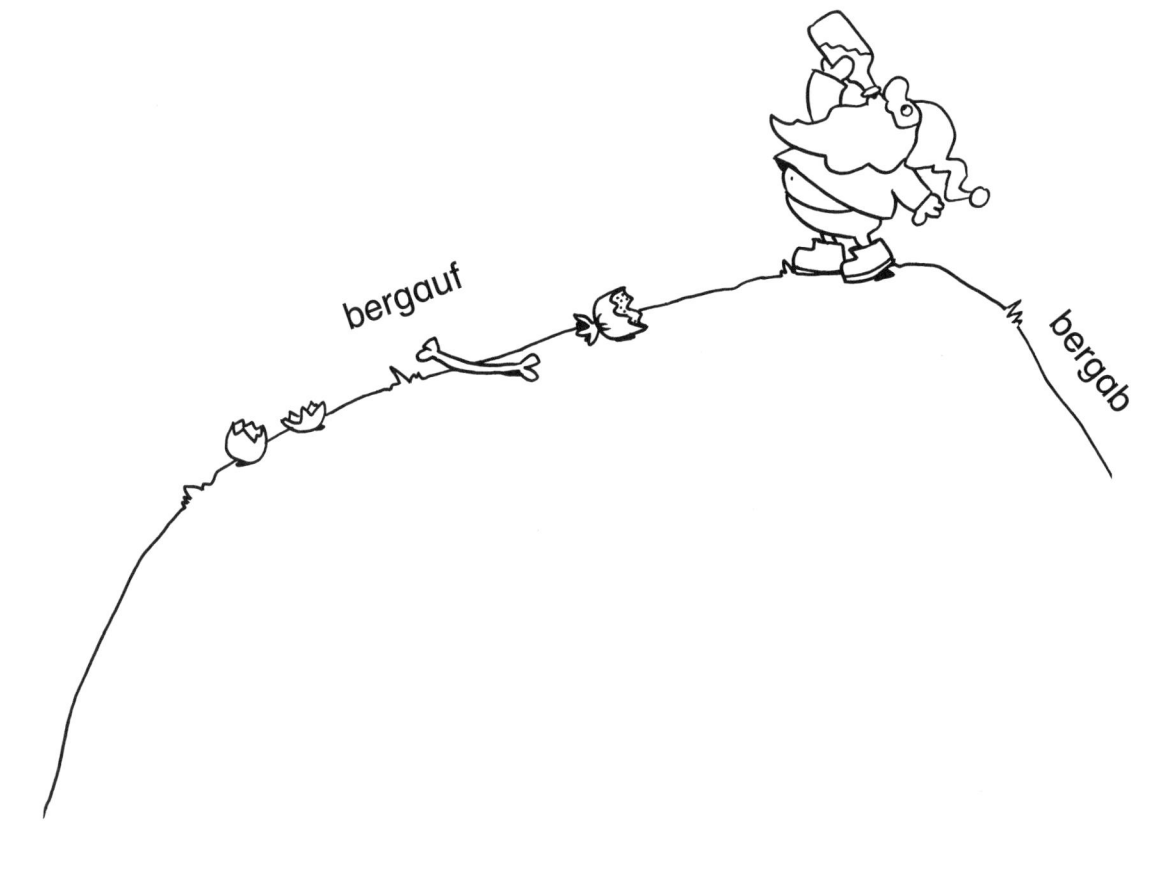

Noch mehr Leseberge

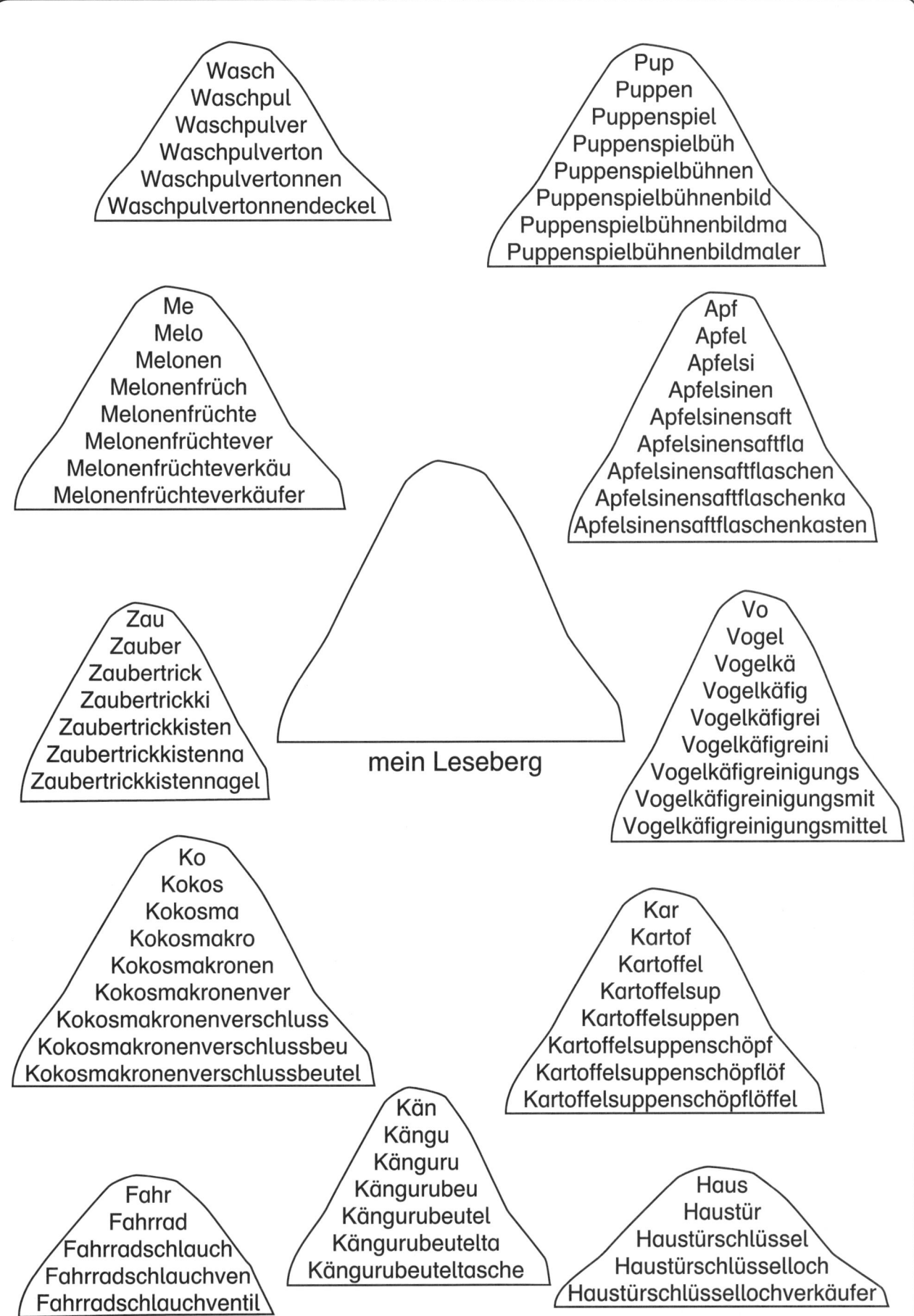

Blickspanne erweitern
Wortpyramiden in der Leseleiste

Förderziele
- Schüler sollen durch weitere Übungen zum überschauenden Lesen ihre Lesekompetenz verbessern.
- Schüler sollen sich den Bewegungen der Augen beim Lesen gewahr werden.
- Schüler sollen Lesekompetenz und Rechtschreibkompetenz verbessern.
- Schüler sollen lernen, Kategorien zu bilden und so ihre Sprachkompetenz verbessern.

Material
- KV 56–58, S. 89–91
- Leseschieber
- Schere
- Stift
- Block oder Heft
- Kleine Schiefertafel, Kreide
- Holzleiste, Karteikarten DIN A5

Vorarbeit des Lehrers/Erarbeitung durch die Kinder
Kopieren Sie die KV 56–58, S. 89–91.
Schneiden Sie zusätzlich die einzelnen Wortpyramiden aus und kleben Sie sie auf Karteikarten auf. Stellen Sie auch Holzleisten mit Rille zur Verfügung. Diese können Sie im Lehrmittelhandel käuflich erwerben. Die Kinder sollen sich die Pyramiden gegenseitig vorlesen können.

K 26 Wortpyramiden

1. Wähle dir ein Arbeitsblatt aus und lies die Wortpyramiden leise.

   Buch
   Bu
   B

2. Schreibe jede Wortpyramide ins Heft oder auf einen Block.

   B
   Bl
   Blei
   Bleis
   Bleist
   Bleisti
   Bleistif
   Bleistift

3. Suche dir einen Partner. Steckt die Pyramiden in die Holzleiste. Ein Kind diktiert dem Partner die Pyramiden. Wechselt euch ab.

   Heft
   Hef
   He
   H

Schultaschen-Wortpyramide

Lies die Pyramide von oben nach unten und von unten nach oben.
Schreibe die Wortpyramiden in dein Heft.

Pyramide 1:
B
Bl
Blei
Bleis
Bleist
Bleisti
Bleistif
Bleistift

Pyramide 2:
Buch
Bu
B

Pyramide 3:
Füller
Fülle
Füll
Fü
F

Pyramide 4:
P
Pa
Pat
Patr
Patro
Patron
Patrone

Pyramide 5:
Pausenbrot
Pausenbro
Pausenbr
Pausenb
Pause
Paus
Pau
Pa
P

Pyramide 6:
Farbstift
Farbstif
Farbsti
Farbst
Farbs
Farb
Far
Fa
F

Pyramide 7:
L
Li
Lin
Line
Linea
Lineal

Pyramide 8:
Radiergummi
Radiergumm
Radiergum
Radiergu
Radierg
Radier
Radie
Rad
Ra
R

Pyramide 9:
S
Sp
Spi
Spit
Spitz
Spitze
Spitzer

Pyramide 10:
F
Fe
Fed
Fede
Feder
Federmä
Federmäpp
Federmäppch
Federmäppche
Federmäppchen

Pyramide 11:
Heft
Hef
He
H

Kopiervorlage 56

Kleiderschrank-Wortpyramide

Lies die Wortpyramiden mehrmals. Schreibe die Wortpyramiden in dein Heft.

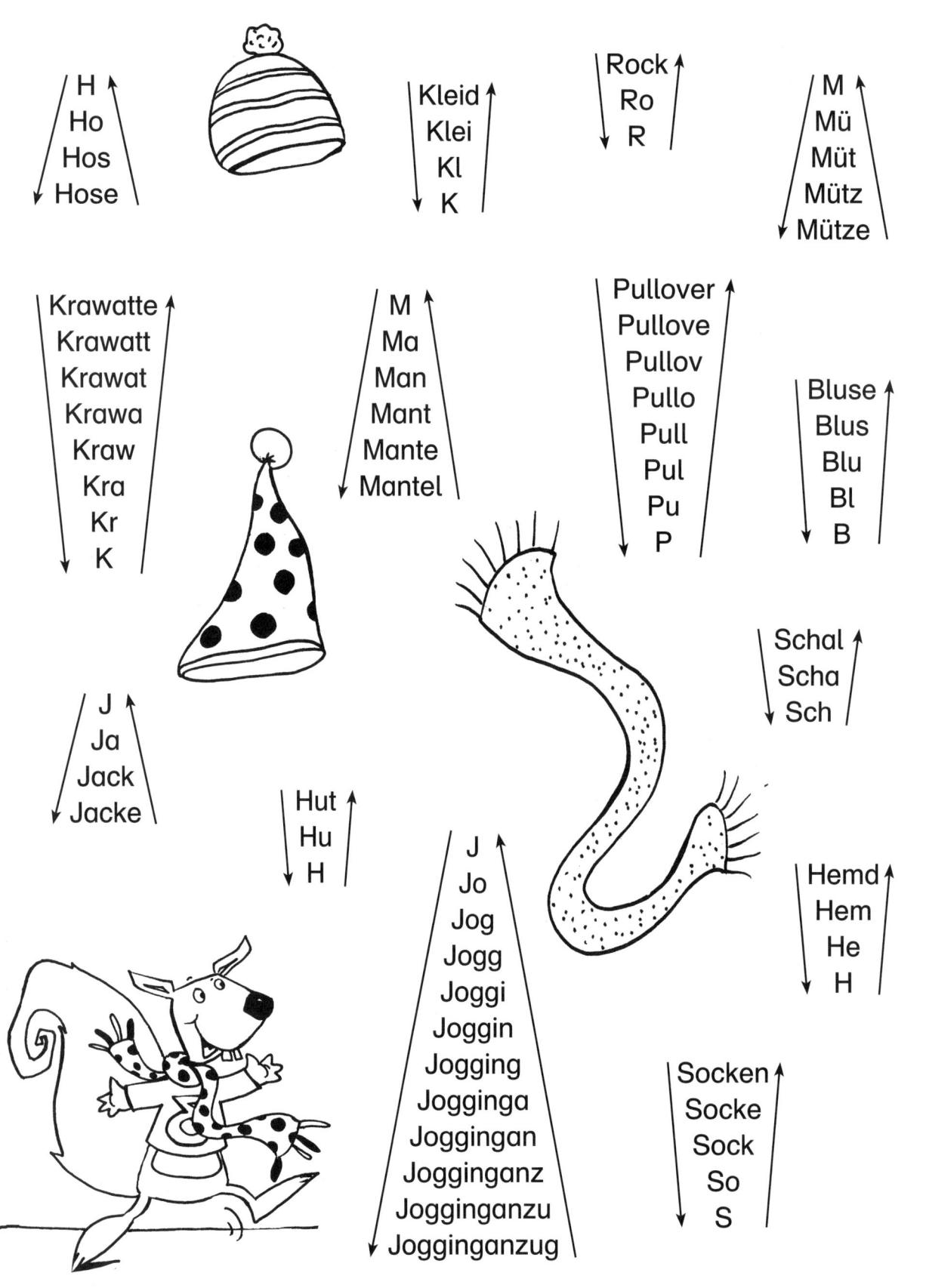

H / Ho / Hos / Hose

Kleid / Klei / Kl / K

Rock / Ro / R

M / Mü / Müt / Mütz / Mütze

Krawatte / Krawatt / Krawat / Krawa / Kraw / Kra / Kr / K

M / Ma / Man / Mant / Mante / Mantel

Pullover / Pullove / Pullov / Pullo / Pull / Pul / Pu / P

Bluse / Blus / Blu / Bl / B

J / Ja / Jack / Jacke

Hut / Hu / H

Schal / Scha / Sch

Hemd / Hem / He / H

J / Jo / Jog / Jogg / Joggi / Joggin / Jogging / Jogginga / Joggingan / Jogginganz / Jogginganzu / Jogginganzug

Socken / Socke / Sock / So / S

Frühstücks-Wortpyramide

Lies die Wortpyramiden in verschiedenen Richtungen. Schreibe eigene Wortpyramiden in dein Heft.

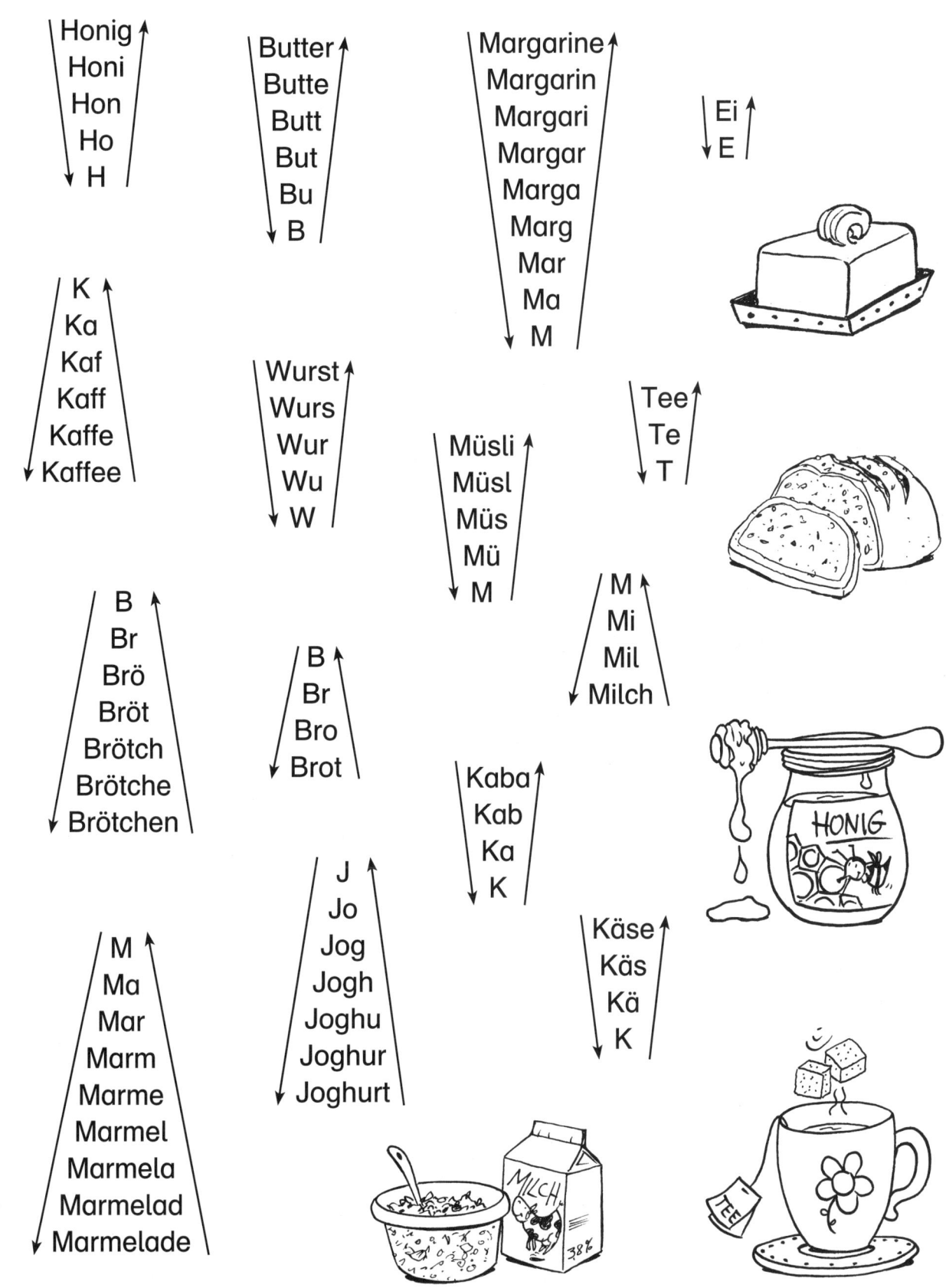

Überschauendes Lesen
Lesetreppen steigen

Förderziele
- Schüler sollen Übungen zur Sehfelderweiterung fortsetzen.
- Schüler sollen eine Sinnänderung im Satz durch die Betonung unterschiedlicher Wörter verstehen lernen.
- Schüler sollen Sätze wiederholt und richtungswechselnd vortragen und dabei ihre visuelle Wahrnehmung schulen.
- Schüler sollen ihre Merkfähigkeit trainieren.

Material
- KV 59–62, S. 93–96
- Lesefisch, S. 65
- Schere, Kleber
- Block, Papier
- Kleine Kartons

Vorarbeit des Lehrers/Erarbeitung durch die Kinder
Kopieren Sie die KV 59–62, S. 93–96 und legen Sie diese bereit. Legen Sie ebenfalls die Lesepfeile bereit. Diese können Sie selbst ganz einfach herstellen, indem Sie die Vorlage kopieren und ausschneiden, ggf. können Sie die Vorlage auch auf Pappe kleben. Sie können die Streifen von KV 60/61, S. 94–95 bereits für die Schüler vorbereiten.
Schneiden Sie dazu die Streifen an den gestrichelten Linien auseinander und legen sie sie in Kartons zur Aufbewahrung.

Tipp: Kindern, die die Zeilen verlieren, den Lesefisch geben.

K 27 — Lesetreppen steigen

1. Lies zuerst die verschiedenen Sätze leise und löse auch die Leserätsel.

   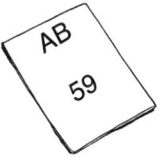

2. Nimm den kleinen Karton mit Lesestreifen.
   Lege sie verdeckt auf den Tisch und mische sie.
   Nach und nach ziehst du die Streifen und legst sie zu einer vollständigen Treppe zusammen.
   Klebe sie auf ein Blatt Papier auf.

   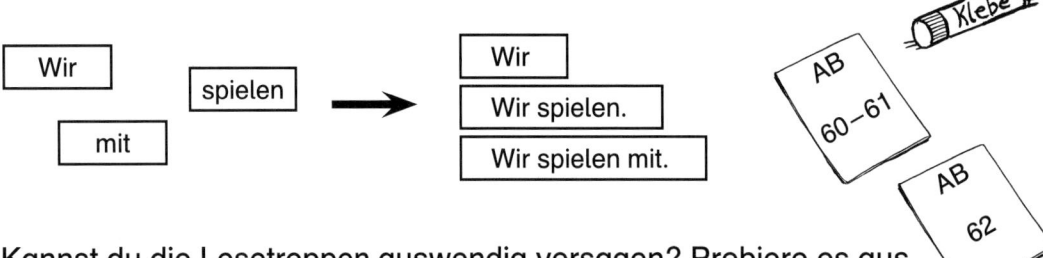

3. Kannst du die Lesetreppen auswendig vorsagen? Probiere es aus.

Von oben nach unten sicher gelesen!

Oma und Opa fahren mit dem Zug.	Tim und Max spielen Fußball und schießen viele Tore.	Paul baut einen Schneemann mit einem schwarzen Hut.
Großvater bastelt schon wieder im Keller.	Marie singt ein schönes Lied im Bus.	Ole und Annika fahren mit ihren Fahrrädern in das Freibad.
Julius holt sein Federmäppchen und nimmt den roten Füller.	Im Freibad treffe ich viele Freunde aus meiner Klasse.	Wenn es regnet, lese ich.

apaP tetiebra mi netraG.

Kannst du diese Leserätsel lösen?

ajnoS thets na red lefaT.

fuA med dreH driw nessE thcokeg.

amaM thän rim enie euen esoH.

hcI eheg enreg ruz eluhcS.

Lesetreppe: treppauf – treppab

1. Wir
2. Wir spielen.
3. Wir spielen mit.
4. Wir spielen mit Figuren.
5. Wir spielen mit Spielfiguren.
6. Wir spielen mit Handspielfiguren.
7. Wir spielen mit Theaterhandspielfiguren.
8. Wir spielen mit Marionettentheaterhandspielfiguren.

8. Wir spielen mit Marionettentheaterhandspielfiguren.
7. Wir spielen mit Theaterhandspielfiguren.
6. Wir spielen mit Handspielfiguren.
5. Wir spielen mit Spielfiguren.
4. Wir spielen mit Figuren.
3. Wir spielen mit.
2. Wir spielen.
1. Wir

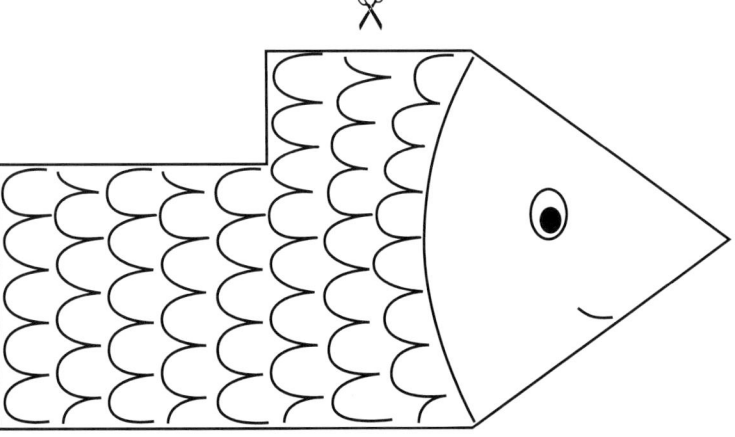

Lesetreppe: treppauf – treppab

1. Auf
2. Auf dem
3. Auf dem Rückweg
4. Auf dem Rückweg kannst
5. Auf dem Rückweg kannst du
6. Auf dem Rückweg kannst du beim
7. Auf dem Rückweg kannst du beim Bäcker
8. Auf dem Rückweg kannst du beim Bäcker vorbeifahren
9. Auf dem Rückweg kannst du beim Bäcker vorbeifahren und
10. Auf dem Rückweg kannst du beim Bäcker vorbeifahren und frische
11. Auf dem Rückweg kannst du beim Bäcker vorbeifahren und frische, knusprige
12. Auf dem Rückweg kannst du beim Bäcker vorbeifahren und frische, knusprige Brötchen
13. Auf dem Rückweg kannst du beim Bäcker vorbeifahren und frische, knusprige Brötchen holen.

Alexander

Alexander aß

Alexander aß feinen

Alexander aß feinen Pfeffer

Alexander aß feinen Pfefferkuchen

Herr

Herr Karl

Herr Karl fotografierte

Herr Karl fotografierte Regen

Herr Karl fotografierte Regensburg

Frau

Frau Sam

Frau Sam will

Frau Sam will endlich

Frau Sam will endlich Rosen

Frau Sam will endlich Rosenheim sehen

Es

Es blühen

Es blühen herrliche

Es blühen herrliche Glocken

Es blühen herrliche Glockenblumen

Peter

Peter kauft

Peter kauft Wasser

Peter kauft Wassermelonen

Blickspanne erweitern
Leserollen

Förderziele
- Schüler sollen längere Sätze im Überblick erschließen, flüssig und deutlich vortragen lernen.
- Schüler sollen sich eigene Rätsel mit Leserollen ausdenken und so ihre sprachlichen Kompetenzen fördern.
- Schüler sollen ihre Feinmotorik durch das Schneiden, Fädeln und Kleben schulen.
- Schüler sollen Arbeitsabläufe selbstständig umsetzen.

Material
- KV 63–65, S. 98–100
- 4–5 leere Toilettenpapierrollen oder Küchenrollen
- Kleber
- Bunte Wollfäden, ca. 20 cm lang

Vorarbeit des Lehrers/Erarbeitung durch die Kinder
Kopieren Sie die KV 63–65, S. 98–100 und legen Sie diese bereit. Die Kinder sollen die Leserollen an den gekennzeichneten Stellen ausschneiden und auf die Papierrollen kleben.

K 28 | Leserollen

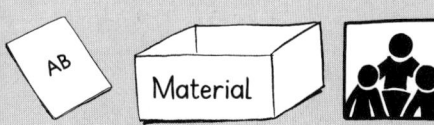

1. Lies die Texte und schneide dann die Lesestreifen aus.

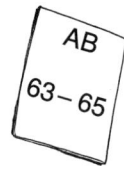

2. Bestreiche die Papierrollen mit Kleber und klebe die Lesestreifen auf die Rollen.

3. Ziehe einen Wollfaden durch die Rolle und mache einen Knoten.

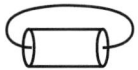

4. Hänge dir die Rolle um den Hals.

5. Die anderen Kinder lesen deine Geschichte vor.

Leserollen: Immer längere Wörter und Sätze lesen

Decke Zeile für Zeile nacheinander auf und lies.
Du kannst von oben nach unten oder von unten nach oben lesen.

Schokolade
Schokoladeneis
Schokoladenkuchen
Schokoladenpulver
Schokoladenbonbons
Schokoladenpralinen
Schokoladentorte
Schokoladenpudding
Schokoladentafel

Blumenvase
Blumenstrauß
Blumentopferde
Blumentopfuntersetzer

Kirsche
Kirschbaum
Kirschbaumspitze
Kirschbaumspitzenende

Fenster
Fensterbrett
Fensterglas
Fenstergriff
Fensterrahmen

Hausmeister
Hausaufgabe
Hauslehrer
Hausherr
Hausbesitzer
Haustürschlüssel
Hausbewohner
Hausantenne

Kraut
Krautfass
Krautwickel
Krautdosendeckel
Sauerkraut

Autofahrer
Autobahn
Autorennbahn
Autowerkstatt
Autoverkehr
Autositz
Autotür
Autohupe

Sie
Sie spielt
Sie spielt den
Sie spielt den ganzen
Sie spielt den ganzen Tag
Sie spielt den ganzen Tag mit
Sie spielt den ganzen Tag mit dem
Sie spielt den ganzen Tag mit dem Ball.

Leserollen: Immer längere Sätze lesen

Die Gans
Die Gans liegt
Die Gans liegt auf der
Die Gans liegt auf der Wiese –
und bestaunt die Blume.

Das Huhn
Das Huhn sucht
Das Huhn sucht auf
Das Huhn sucht auf der Wiese einen fetten Wurm –
und frisst ihn.

Die Biene
Die Biene summt
Die Biene summt um die
Die Biene summt um die Blume herum –
und freut sich.

Die Kuh
Die Kuh steht
Die Kuh steht in
Die Kuh steht in tiefem Gras –
und sonnt sich.

Das Schwein
Das Schwein tanzt
Das Schwein tanzt fröhlich
Das Schwein tanzt fröhlich hin und her –
und ist glücklich.

Leserollen: Immer längere Sätze lesen

Oft
Oft fing
Oft fing er Riesen
Oft fing er Riesenschlangen.

Mutter
Mutter zeigte
Mutter zeigte ihr Papa
Mutter zeigte ihr Papageien.

Vater
Vater fotografierte
Vater fotografierte Salz
Vater fotografierte Salzburg.

Es
Es blühen
Es blühen viele
Es blühen viele Glocken
Es blühen viele Glockenblumen.

Sie
Sie blieb
Sie blieb fünf Tage
Sie blieb fünf Tage ohne Bauch
Sie blieb fünf Tage ohne Bauchweh.

Das
Das Kind
Das Kind kaufte
Das Kind kaufte Filz
Das Kind kaufte Filzpantoffeln.

Im
Im Garten
Im Garten sah
Im Garten sah sie
Im Garten sah sie Peter
Im Garten sah sie Petersilie.

Lena
Lena öffnete
Lena öffnete ihre
Lena öffnete ihre Hand
Lena öffnete ihre Handtasche.

Sie
Sie kaufte
Sie kaufte einen
Sie kaufte einen Papa
Sie kaufte einen Papagei.

Ihr
Ihr kocht
Ihr kocht heute
Ihr kocht heute Eis
Ihr kocht heute Eisbein.

Blickspanne erweitern
Die Käferjagd

Förderziele
- Schüler sollen in spielerischer Form Sprachanweisungen verstehen lernen.
- Schüler sollen ihre Lesemotivation durch das Miteinander steigern.
- Schüler sollen ihre Frustrationstoleranz verbessern.
- Schüler sollen Spielregeln miteinander vereinbaren und diese einhalten.

Material
- KV 63–65, S. 102–103
- 1 Spielfigur pro Mitspieler
- 1 Würfel
- 1 Teppichfliese
- Kleber, Klebeband

Vorarbeit des Lehrers / Erarbeitung durch die Kinder
Kopieren Sie die KV 63–65, S. 102–103, schneiden Sie die Spielflächen aus und kleben Sie diese aneinander. Nun noch den Spielplan ausmalen und laminieren, dann kann es losgehen. Vor Spielbeginn die Übungen einmal gemeinsam ausprobieren, dann gibt es keine Probleme, wenn die Kinder selbstständig spielen.

K 29 Käferjagd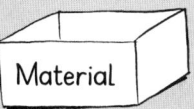

1. Besprecht gemeinsam die Spielregeln und Übungen.

 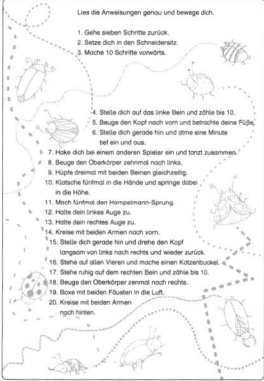

 2. Jeder Spieler wählt eine Spielfigur. Reihum wird gewürfelt. Je nach Würfelzahl rückt jeder vor. Die Aufgaben werden erfüllt. Sieger ist, wer zuerst auf Feld 20 ankommt.

 3. Ihr könnt auch eigene Spielregeln erfinden oder einen eigenen Spielplan entwerfen.

Käferjagd

Käferjagd

Lies die Anweisungen genau und bewege dich.

1. Gehe sieben Schritte zurück.
2. Setze dich in den Schneidersitz.
3. Mache 10 Schritte vorwärts.
4. Stelle dich auf das linke Bein und zähle bis 10.
5. Beuge den Kopf nach vorn und betrachte deine Füße.
6. Stelle dich gerade hin und atme eine Minute tief ein und aus.
7. Hake dich bei einem anderen Spieler ein und tanzt zusammen.
8. Beuge den Oberkörper zehnmal nach links.
9. Hüpfe dreimal mit beiden Beinen gleichzeitig.
10. Klatsche fünfmal in die Hände und springe dabei in die Höhe.
11. Mach fünfmal den Hampelmann-Sprung.
12. Halte dein linkes Auge zu.
13. Halte dein rechtes Auge zu.
14. Kreise mit beiden Armen nach vorn.
15. Stelle dich gerade hin und drehe den Kopf langsam von links nach rechts und wieder zurück.
16. Stehe auf allen Vieren und mache einen Katzenbuckel.
17. Stehe ruhig auf dem rechten Bein und zähle bis 10.
18. Beuge den Oberkörper zehnmal nach rechts.
19. Boxe mit beiden Fäusten in die Luft.
20. Kreise mit beiden Armen nach hinten.

Sätze erlesen
Das Froschspiel mit Bewegung

Förderziele
- Schüler sollen in spielerischer Form Sprachanweisungen verstehen lernen und das Leseinteresse steigern.
- Schüler sollen ihre Frustrationstoleranz verbessern.
- Schüler sollen Spielregeln miteinander vereinbaren und diese einhalten.

Material
- KV 68–70, S. 105–107
- 1 Spielfigur pro Mitspieler
- 1 Würfel
- 1 Teppichfliese
- Kleber, Klebeband

Vorarbeit des Lehrers / Erarbeitung durch die Kinder
Kopieren Sie die KV 68–70, S. 105–107. Schneiden Sie den Rand ab, kleben Sie dann die beiden Seiten zusammen und malen den Spielplan farbig an. Sie können dann die Spielvorlage laminieren. Klären Sie die Bewegungsstationen im Vorfeld und lassen Sie die Übungen vorführen.

K 30 — **Das Froschspiel mit Bewegung**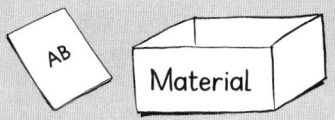

1. Besprecht gemeinsam die Spielregeln und Übungen.

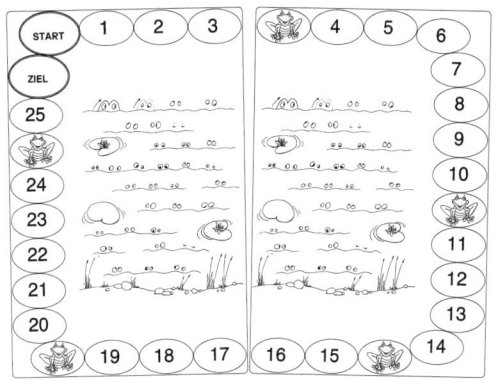 

2. Macht zunächst alle Bewegungsaufträge einmal gemeinsam. Das macht großen Spaß! Nun geht es los!
Jeder Spieler wählt eine Spielfigur. Reihum wird gewürfelt. Je nach Würfelzahl rückt jeder vor. Die Bewegungen werden genau erfüllt. Sieger ist, wer zuerst im Ziel angekommen ist. Spielt mehrmals.

3. Ihr könnt auch eigene Spielregeln erfinden oder einen eigenen Spielplan entwerfen.

Das Froschspiel mit Bewegung

Würfle und hüpfe vom Start ins Ziel. Kommst du auf ein Zahlenfeld, löse die Aufgabe. Kommst du auf ein Froschfeld, dann musst du eine Runde aussetzen.

Das sind deine Aufgaben:

1. Klatsche achtmal in die Hände.
2. Sitze 30 Sekunden im Schneidersitz und atme tief ein und aus.
3. Ziehe die Schultern weit nach oben.
4. Hüpfe dreimal in die Höhe.
5. Klatsche siebenmal hinter dem Rücken.
6. Beuge zehnmal deinen Oberkörper nach vorn.
7. Kreise mit beiden Armen, genauso wie eine Windmühle.
8. Gehe mit geschlossenen Augen vorsichtig 5 Schritte rückwärts.
9. Tanze mit einem Partner.
10. Mache mit einem Partner Schulterdrücken.
11. Übe fünfmal den Hampelmann-Sprung.
12. Stelle dich auf die Zehenspitzen und zähle bis 30.
13. Laufe fünfmal um einen Tisch.
14. Lege dich auf den Rücken und strecke die Beine weit nach oben.
15. Drehe den Kopf nach rechts und zähle bis 30.
16. Gehe auf den Zehenspitzen und zähle bis 40.
17. Mache 6 Kniebeugen.
18. Setze dich mit einem Partner hin und übt Radfahren.
19. Hake dich bei einem Partner unter und dreht euch im Kreis.
20. Hebe beide Arme weit nach oben und dehne den ganzen Körper.
21. Laufe 20 Schritte auf den Fersen.
22. Übe mit einem Partner tanzen.
23. Spiele mit einem Partner dein Lieblings-Klatschspiel.
24. Stelle dich auf ein Bein und stehe wie ein Baum. Zähle bis 10.
25. Schleiche eine Runde leise im Raum herum.

Sicheres Lesen
Leseräder

Förderziele
- Schüler sollen die Lesesicherheit wirksam verbessern.
- Schüler sollen die Flexionsformen von Verben kennenlernen, lesen und über die Sprachanwendung gebrauchen.
- Schüler sollen ihren Lesefluss durch überschauendes und betontes Lesen steigern.
- Schüler sollen die Sprachkompetenz durch die Kommunikation mit einem Partner verbessern.

Material
- KV 71–73, S. 109–111
- Schere
- Stift
- Schreibblock oder Heft

Vorarbeit des Lehrers / Erarbeitung durch die Kinder
Kopieren Sie die KV 71–73, S. 109–111. Malen Sie die Bilder ggf. aus. Dann die Bildkarten am äußeren Rand vom Innenrand wegschneiden. Diese Aufgabe können die Kinder auch selbst übernehmen, dann entfällt das Laminieren.
Die Kinder arbeiten alleine oder mit einem Partner. Die Kurztexte können in ein Geschichtsheft geschrieben werden.

Tipp: Leseräder-Teile in Briefumschlägen aufbewahren!

| K 31 | **Leseräder** | 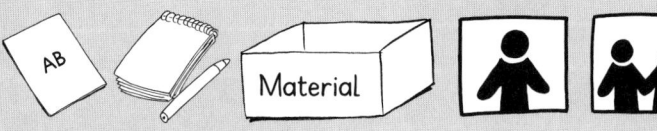 |

1. Lege immer das richtige Verb (Tunwort) unter das richtige Bild.
   Schreibe alle Sätze so auf: gießen – Flora gießt gerne Blumen.

2. Suche einen 👥. Ihr könnt mit den Karten Memory spielen.
   Sucht immer die beiden passenden Karten: Verb (Tunwort) und Satz.

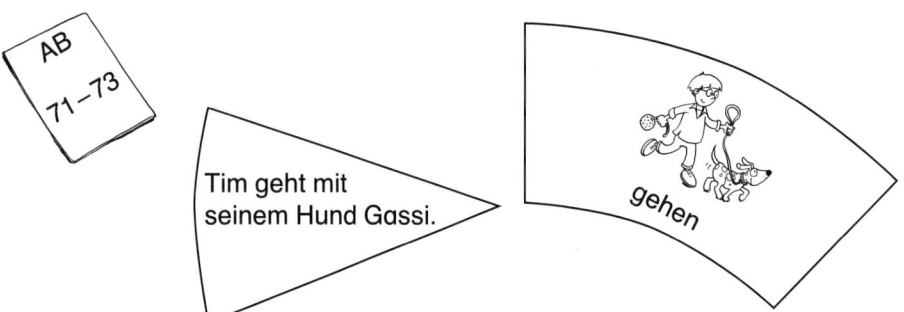

Tipp: Besonders spannend ist es, wenn ihr mit zwei oder allen drei Leserädern Memory spielt.

Leserad 1

Schneide die Bildkarten aus, mische sie und ordne die Bilder dem richtigen Satz zu.

- gießen — Flora gießt gerne Blumen.
- bauen — Paul baut einen großen Turm.
- spielen — Anne spielt gerne Fußball.
- gehen — Tim geht mit seinem Hund Gassi.
- malen — Julia malt ein Bild.
- rennen — Max rennt schnell los.
- klettern — Sofia klettert auf einen Baum.
- telefonieren — Jan telefoniert mit Oma.

Kopiervorlage 71

Leserad 2

Schneide die Bildkarten aus, mische sie und ordne die Bilder dem richtigen Satz zu.

- laufen — Lisa läuft gerne im Regen.
- schneiden — Franzi schneidet Bilder aus.
- spielen — Leonie spielt gerne mit Puppen.
- malen — Sara malt gerne mit Ölfarben eine Sonne.
- schwimmen — Koko schwimmt gerne im See.
- lesen — Marie liest gerne Märchen und spannende Krimis.
- schaukeln — Anne schaukelt im Garten.
- hören — Hannes hört seine Lieblingslieder gerne laut.

Leserad 3

Schneide die Bildkarten aus, mische sie und ordne die Bilder dem richtigen Satz zu.

- rodeln: Maja und Luca rodeln schnell den Berg hinunter. Hoffentlich kippt der Schlitten nicht.
- klettern: Marc klettert jedes Wochenende im Garten. Das macht Spaß.
- Ball spielen: Samstags spielt Yannick mit seinem Freund Ball. Am liebsten auf der Wiese.
- fernsehen: Bei Regenwetter sehen die Kinder fern oder spielen Computer.
- wippen: Auf einem wippen Spielplatz wippen Peter und Jana. Einmal fiel Jana hinunter.
- wegbringen: Ben bringt gerne den Müll weg.
- fahren: Emma fährt mit ihren Inline-Skatern über viele Steine. Das ist gefährlich.
- aufbauen: Carlo baut ein Kartenhaus auf.

Kopiervorlage 73

Sätze
Halbe Sätze

Förderziele
- Schüler sollen das Interesse am Lesen durch handlungsbezogene Lernspiele erhalten und verbessern.
- Schüler sollen den Inhalt der Sätze verstehen und die Satzteile zu sinnvollen Sätzen ordnen.
- Schüler sollen den kreativen Umgang mit Sätzen üben.
- Schüler sollen Spielregeln miteinander vereinbaren und diese einhalten.
- Schüler sollen sich der korrekten grammatikalischen Satzbildung bewusst werden.

Material
- KV 74–76, S. 113–115
- Schere
- Schreibblock oder Heft
- Stift
- Schachtel

Vorarbeit des Lehrers / Erarbeitung durch die Kinder
Kopieren Sie die KV 74–76, S. 113–115, schneiden Sie die Wortkärtchen aus und laminieren Sie sie.
Sie können sie nun in eine Schachtel füllen, ggf. zunächst nur die Karten einer Kopiervorlage.
Als Differenzierungsangebot finden die Kinder zu einem Kärtchen a) einen anderen Anfang bzw.
b) ein anderes Ende.

K 32 | Halbe Sätze

 1. Spielt mit den Karten in der Schachtel Memory. Sucht dazu immer die passenden Satzpaare.

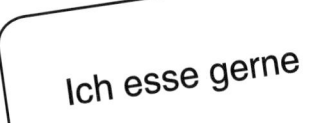 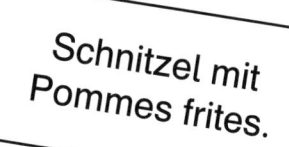 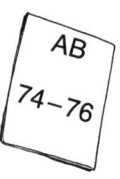

"Ich esse gerne" — "Schnitzel mit Pommes frites."

 2. Schreibe deine Lieblingssätze in dein Heft oder auf deinen Block.

 3. Wer findet die lustigsten Sätze? Schreibe sie in dein Heft.

Lesememory 1

Gestern bekam ich von meiner Tante	ein neues Federmäppchen geschenkt.
Als ich im Schwimmbad vom Turm sprang,	verlor ich meine rote Badehose.
Im heißen Sommer	muss oft der Garten gegossen werden.
Der bunte Ball rollte	unter das vorbeifahrende Auto.
Ich esse gerne	Schnitzel mit Pommes frites.
Wenn ich zu meinem Onkel fahre,	machen wir stets Ausflüge.

Lesememory 2

Bei diesem starken Regenwetter	mussten wir im Haus bleiben.
Die fröhlichen Kinder liefen schnell über die Straße	und vergaßen, nach links und rechts zu schauen.
Nach der Schule sammelten die beiden Freunde	noch schöne Kastanien.
Wenn es stark regnet,	können wir draußen nicht spielen.
Papa, Mama und Gabriel fahren in die Stadt,	um Schuhe zu kaufen.
Als die Katze nachts um das Haus schlich,	fing unser Hund zu bellen an.

Lesememory 3

Das Haus ist groß		und hat viele Fenster.
Als die Räuber schliefen,		sprangen die Tiere durch das Fenster.
Rotkäppchen ging in den Wald		und traf dort den bösen Wolf.
Wenn es im Sommer heiß ist,		gehe ich häufig barfuß.
Der Garten ist groß		und hat viele Bäume.
Der Zug hielt am Bahnsteig an		und Oma und Opa stiegen lachend aus.

Sicheres Lesen
Lesekarten ziehen

Förderziele
- Schüler sollen ihre Lesesicherheit steigern.
- Schüler sollen ihre Lesemotivation steigern.
- Schüler sollen Sachzusammenhänge erkennen.
- Schüler sollen eigene Lesekarten entwerfen und gestalten.

Material
- KV 77, S. 117
- 1 kleine Schachtel oder 1 Dose
- 1 Schere, 1 Locher
- 1 wasserlöslichen Folienstift
- 12 ca. 25 cm lange Wollfäden
- Ca. 25 kleine bunte Klammern

Vorarbeit des Lehrers / Erarbeitung durch die Kinder
Kopieren Sie die KV 77, S. 117. Schneiden Sie die Karten aus und laminieren Sie sie.
Die Kinder können die Karten dann mit dem Folienstift bearbeiten.
Jedes Kärtchen lochen und mit einem Wollfaden versehen. Die Kärtchen in eine Dose stecken. Die Kinder ziehen die Kärtchen der Reihe nach heraus: ein Kind liest vor, die anderen Kinder beantworten. Sie können das Arbeitsblatt alternativ auch einfach kopieren und den Kindern zur Bearbeitung geben.

| K 33 | **Lesekarten ziehen** |    |

 1. Spielt das Spiel „Lesekarten ziehen". Zieht die Kärtchen der Reihe nach aus der Dose heraus: ein Kind liest vor, das andere Kind beantwortet die Frage. Markiert die richtige Antwort mit einem Stift oder mit einer Klammer.

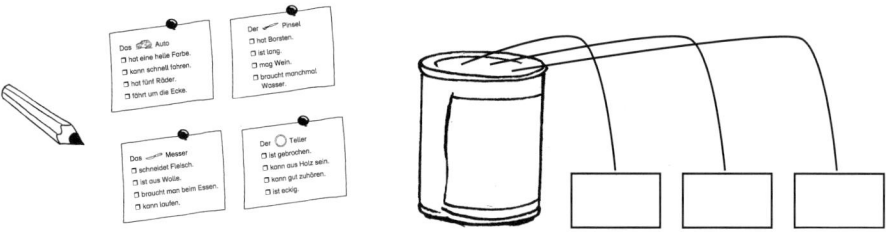

 2. Fallen euch eigene Sätze für Lesekarten ein: Schreibt sie auf eigene Kärtchen und bemalt sie.

Lesekarten ziehen: Dinge näher beschreiben

Lies die Sätze genau und kreuze an, was richtig ist.

Das 🚗 Auto
- ❏ hat eine helle Farbe.
- ❏ kann schnell fahren.
- ❏ hat fünf Räder.
- ❏ fährt um die Ecke.

Der ✎ Pinsel
- ❏ hat Borsten.
- ❏ ist lang.
- ❏ mag Wein.
- ❏ braucht manchmal Wasser.

Das Messer
- ❏ schneidet Fleisch.
- ❏ ist aus Wolle.
- ❏ braucht man beim Essen.
- ❏ kann laufen.

Der ⊙ Teller
- ❏ ist gebrochen.
- ❏ kann aus Holz sein.
- ❏ kann gut zuhören.
- ❏ ist eckig.

Mit einem Füller
- ❏ schneide ich Papier.
- ❏ schwimme ich im Freibad.
- ❏ schreibe ich einen Brief.
- ❏ wechsle ich Patronen aus.

Der 🧣 Schal
- ❏ ist kalt.
- ❏ macht warm.
- ❏ ist lang.
- ❏ schmeckt fein.

Sicheres Lesen
Lieber Würfel, sage mir...

Förderziele
- Schüler sollen lernen, Fragen zunehmend selbstständig zu formulieren.
- Schüler sollen ihre Sicherheit im Lesen steigern.
- Schüler sollen ihre Zahl- und Mengenauffassung durch das Würfelspiel schulen.
- Schüler sollen ihre Sprachkompetenz erweitern.

Material
- KV 78, S. 119
- 1 Teppichfliese
- 1-3 Spielwürfel
- 1 Blatt Papier oder Heft
- 1 Bleistift

Vorarbeit des Lehrers/Erarbeitung durch die Kinder
Kopieren Sie die KV 78, S. 119, vergrößern Sie sie eventuell auf 141%, wenn mit größeren Gruppen gearbeitet wird.

K 34 | **Lieber Würfel, sage mir...**

1. Nehmt euch den Spielplan mit Fragen.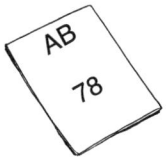

 2. Lest die Fragen der Reihe nach vor und erwürfelt die Antworten.
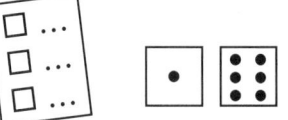

 3. Denkt euch eigene Fragen aus und schreibt sie in euer Heft oder auf euren Block.

 4. Spielt das Würfelspiel mit den neuen Fragen.
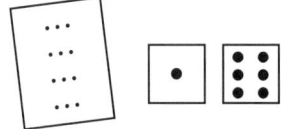

Mein lieber Würfel, sage mir…

Eine Frage vorlesen, einen Namen einsetzen und würfeln. Die Augenzahl gibt die Antwort. Findet selbst weitere Fragen und schreibt sie euch auf.

- Wie oft ist … am Sonntag vom Rad gefallen?
- Wie alt ist …?
- Wie viele Ohren hat …?
- Wie viele Löcher hat … im Socken?
- Wie viele Stunden hat … gestern am Computer gespielt?
- Wie viele Meter ist … Zunge lang?
- Wie oft wurde … gestern ausgeschimpft?
- Wie viele Bonbons steckt sich … auf einmal in den Mund?
- Wie viele Fische schwimmen im Bauch von …?
- Wie viele Ohren hat …?
- Wie viel Kilo Zucker hat … in seinen Tee geschüttet?
- Wie viele Zähne hat … gestern verloren?
- Wie viele Hosen hat … an?
- Wie oft hat … in dieser Woche den Bus verpasst?
- Wie viele Knödel hat … heute Mittag gegessen?
- Wie viele Kaugummis kleben unter … Schreibtisch?
- Wie oft ist … heute Nacht aus dem Bett gefallen?
- Wie oft hat … heute morgen gegähnt?
- Wie oft hat … in dieser Woche seine Hausaufgaben nicht gemacht?

Sicheres Lesen
Lesescheiben

Förderziele
- Schüler sollen den kreativen Umgang mit Wörtern und Sätzen üben.
- Schüler sollen ihre Sicherheit im Lesen steigern.
- Schüler sollen ihre motorischen Kompetenzen durch Falten und Kleben erweitern.

Material
- KV 79–80, S. 121–122
- Schere, Kleber
- Filzstift
- Block oder Heft
- 1 Bleistift

Vorarbeit des Lehrers/Erarbeitung durch die Kinder
Kopieren Sie die KV 79–80, S. 121–122.
Die KV 79 kopieren Sie bitte mehrmals, um mehrere Lesescheiben zum Beschriften zur Verfügung zu haben.

K 35   **Lesescheiben**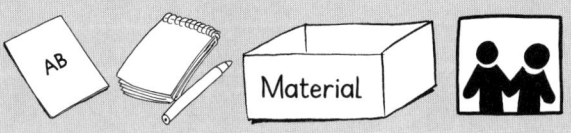

1. Bearbeitet das Arbeitsblatt „Lesescheiben". Schreibt die Lösungswörter auf die Zeilen neben dem Rätsel.

   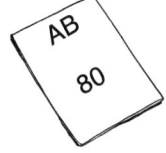

2. Bastelt eigene Lesescheiben. Klebt immer zwei Scheiben zusammen. Schreibt Rätsel auf die Karten.

   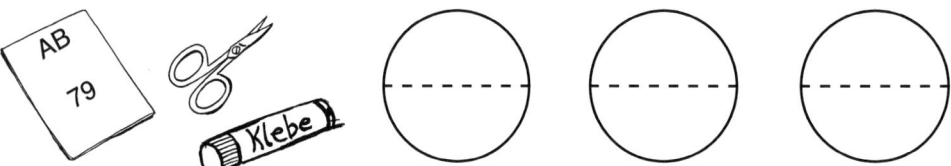

3. Stellt euch die Rätsel auf den Karten gegenseitig.

   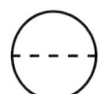

Lesescheiben

Schneide die Lesescheiben aus, klebe sie zusammen und knicke sie in der Mitte. Beschrifte die Scheiben und stelle das Rätsel einem Partner.

Beispiel:

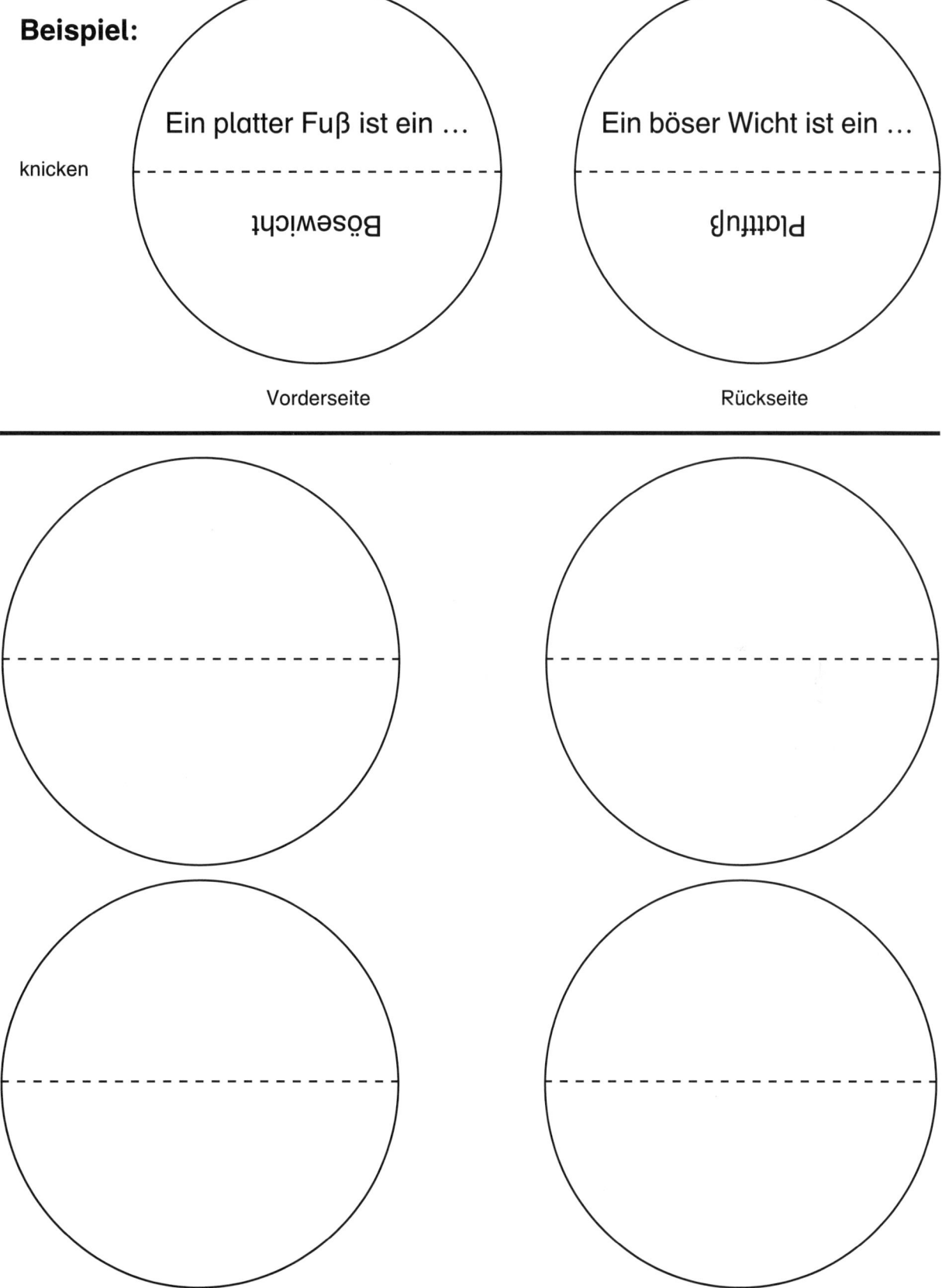

knicken

Vorderseite — Rückseite

Lesescheiben

Kannst du die Rätsel lösen? Erfinde eigene und schreibe sie auf die Lesescheiben. Beachte das Beispiel, nach dem du die Scheiben beschriften sollst.

Was ist ...

Eine rauchende Wolke ist eine _____

Bunte Wäsche ist _____

Eine goldene Krone ist eine _____

Eine silberne Kette ist eine _____

Ein bunter Specht ist ein _____

Gerührtes Ei ist _____

Ein gebratener Hering ist ein _____

Ein sparsames Schwein ist ein _____

Ein brauner Bär ist ein _____

Weiße Wäsche ist _____

Ein frecher Dachs ist ein _____

Ein böser Wicht ist ein _____

Ein dicker Kopf ist ein _____

Edles Metall ist _____

Ein singender Vogel ist ein _____

Ein dreckiger Spatz ist ein _____

Ein trotziger Kopf ist ein _____

Ein Ring aus Gold ist ein _____

Ein fauler Pelz ist ein _____

Ein ängstlicher Hase ist ein _____

Eine raubende Katze ist eine _____

Ein wacher Hund ist ein _____

Ein saurer Teig ist ein _____

Ein fressender Napf ist ein _____

Sätze
Kartenduos

Förderziele
- Schüler sollen die Lernmotivation zum Lesen durch anregende Leseangebote verbessern.
- Schüler sollen ihre Sicherheit im Lesen steigern.
- Schüler sollen ihre Zahl- und Mengenauffassung durch das Würfelspiel schulen.
- Schüler sollen ihre Sprachkompetenz erweitern.

Material
- KV 81–82, S. 125/125
- Schere
- 1 großes Blatt Papier oder Heft
- 1 Bleistift
- Stempelkasten mit Stempelkissen
- 1 Blatt pro Kind
- 1 Schachtel

Vorarbeit des Lehrers/Erarbeitung durch die Kinder
Kopieren Sie die KV 81–82, S. 125/125, die Kinder schneiden die Kärtchen aus und legen passende Kärtchen zusammen. Ggf. können Sie Kärtchen bereits im Vorfeld vorbereiten, laminieren und in einer Schachtel aufbewahren. Auch den Umgang mit dem Stempelkasten bitte vorher kurz erklären bzw. wiederholen.

K 36 — Kartenduos

1. Was ist gemeint? Legt immer die beiden passenden Kärtchen zusammen.

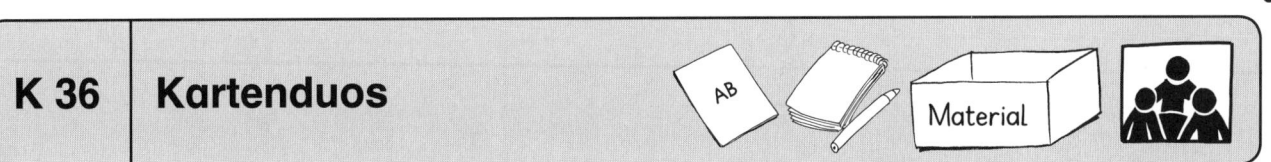

2. Jeder sucht sich ein Kartenpaar aus und stempelt es mit den Stempeln aus dem Stempelkasten. Ihr könnt alle gestempelten Rätsel im Klassenzimmer aufhängen.

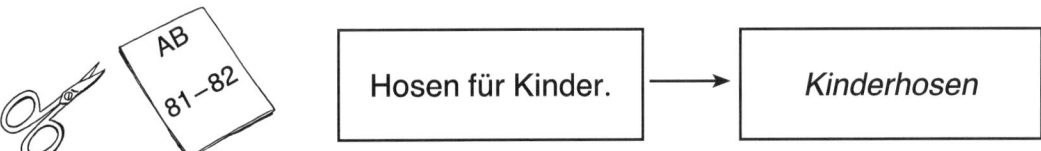

Kartenduos 1

Schneide die Kärtchen aus. Lies genau und lege zwei passende Karten zusammen.

Was ist gemeint?

Fleisch vom Rind	*Rindfleisch*
Ein Eis, das nach Erdbeeren schmeckt	*Erdbeereis*
Kuchen, der nach Zitronen schmeckt	*Zitronenkuchen*
Ein Buch, in dem Märchen stehen	*Märchenbuch*
Wurst, die aus Leber gemacht ist	*Leberwurst*
Hosen für Kinder	*Kinderhosen*
Schuhe für das Haus	*Hausschuhe*

Kartenduos 2

Schneide die Kärtchen aus. Lies genau und lege zwei passende Karten zusammen.

Ein Album für Briefmarken	*Briefmarkenalbum*
Ein Kuchen, der mit Obst belegt ist	*Obstkuchen*
Ein Eis, das nach Schokolade schmeckt	*Schokoladeneis*
Ein Buch, in dem von Tieren erzählt wird	*Tierbuch*
Eine Post, mit der Kinder spielen können	*Kinderpost*
Ein Zug aus Holz	*Holzzug*
Ein Wagen, in dem man Puppen spazieren fährt	*Puppenwagen*
Stiefel aus Gummi	*Gummistiefel*
Socken für Herren	*Herrensocken*

Lesefertigkeit
Schränke voller Leserätsel

Förderziele
- Schüler sollen ihre Lesefertigkeit durch anregende Lesespiele festigen.
- Schüler sollen Informationen aus Sätzen entnehmen und gesuchte Begriffe benennen.
- Schüler sollen ihre feinmotorischen Kompetenzen verbessern.

Material
- KV 83, S. 127
- Blankokärtchen
- 1–2 Bögen farbiges Tonpapier der Größe DIN A4 pro Kind oder Gruppe
- Schere
- Kleber

Vorarbeit des Lehrers/Erarbeitung durch die Kinder
Kopieren Sie die KV 83, S. 127. Die Buchstaben auf der Kopiervorlage 83 dienen der Orientierung. Bereiten Sie Blanko-Kärtchen für eigene Rätsel vor. Sie können im Stuhlkreis oder vor der Wochenplanarbeit bereits einige Leserätsel stellen, dann wissen die Kinder sofort, wie die Aufgaben zu lösen sind.

| K 37 | Schränke voller Leserätsel | 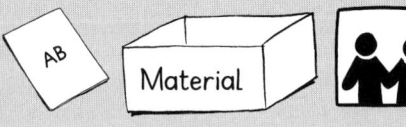 |

1. Löse das Arbeitsblatt „Schränke voller Leserätsel" mit einem Partner.

   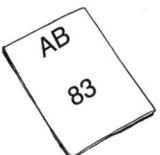

2. Denkt euch gemeinsam eigene Rätsel aus. Schreibt sie auf die leeren Kärtchen.

3. Bastelt aus dem Tonpapier einen Schrank und klebt die eigenen Rätsel in den Schrank. Ihr könnt den Schrank im Klassenzimmer aufhängen.

   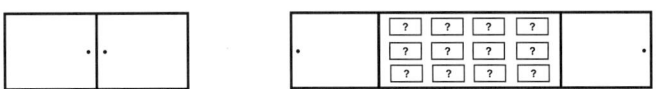

Bastelanleitung:
Legt das Blatt im Querformat vor euch und faltet zunächst in der Mitte, öffnet das Blatt wieder und faltet die beiden Seiten von links und rechts zur Mitte. Fertig ist der Schrank!

Schränke voller Leserätsel

Lest die Rätsel langsam vor. Zuerst die 1. Zeile, dann die 2. Zeile und schließlich die 3. Zeile. Wer weiß am schnellsten, was gemeint ist?

A
Sie ist ein Teil der Wohnung.
Man ist oft da.
Hier kannst du das Essen kochen.

B
Das gibt es überall auf der Erde.
Jeder Mensch braucht es täglich.
Du brauchst es zum Trinken und Waschen.

C
Es gibt große und kleine davon.
Du kannst darauf steigen.
Es hat vorne eine Lenkstange.

D
Es ist ein Nahrungsmittel.
Du kannst es mit Käse belegen.
Es wird in Scheiben geschnitten.

E
Er kann lang und kurz sein.
Oft ist er aufgerollt.
Du kannst damit etwas flicken.

F
Du brauchst ihn jeden Tag.
Er ist im Besteckkasten.
Du isst Suppe oder Pudding damit.

G
Ein Haus hat mehrere davon.
Man kann es öffnen.
Seine Scheiben sind aus Glas.

H
Er läuft immer auf zwei Beinen.
Meist wohnt er hoch oben.
Sein Kleid ist aus Federn.

I
Er schmeckt vielen Menschen.
Man stellt ihn aus Milch her.
Manche haben Löcher.

J
Er ist in jedem Haus.
Er macht ganz schön Lärm.
Er macht alles schön sauber.

K
Es hat starke Motoren.
Manchmal ist es langsam unterwegs.
Es kann landen und starten.

L
Du kannst ihn gut bewegen.
Er ist ein Teil deines Körpers.
Du hast zehn davon!

M
Du findest sie in jedem Haus.
Sie ist meist aus Holz oder aus Stein.
Auf ihr gehst du ins nächste Stockwerk.

N
Viele Tiere haben vier davon.
Du kannst es bewegen.
In der Mitte davon ist das Knie.

O
Kinder spielen gern mit ihm.
Meistens ist er mit Luft gefüllt.
Er rollt hin und her.

P
Du brauchst ihn bei schlechtem Wetter.
Er ist lang und aus Stoff genäht.
Man kann ihn aus- und anziehen.

Kurze Texte
Tiergeschichten-Memory

Förderziele
- Schüler sollen ihre Lesefertigkeit steigern.
- Schüler sollen das Körperschema linke und rechte Hand trainieren.
- Schüler sollen aktiv erzählen und zuhören lernen.

Material
- KV 84–86, S. 129–131
- 3 Bögen hautfarbenes Tonpapier
- Verschiedene Bögen Tonpapier DIN A3
- 1 Schere, Stifte
- 9 Klebepunkte
- Plakat

Vorarbeit des Lehrers / Erarbeitung durch die Kinder
Die KV 84–86, S. 129–131 für jedes Kind kopieren. Die Hände ausmalen, die Bildkartenpaare ausschneiden und laminieren. Immer auf eine Karte einen Punkt kleben. Alternativ die Kopiervorlage auf das Tonpapier kopieren und 9 Kartenpaare ausschneiden. Ebenfalls die Rückseite der linken Hände mit je einem Klebepunkt versehen. Lassen Sie dann mit den Karten Memory spielen. Dabei muss jeweils immer eine Karte mit und eine Karte ohne Punkt genommen werden.

K 38 | Tiergeschichten-Memory

 1. Spielt gemeinsam Memory. Nehmt immer eine Karte mit und eine Karte ohne Punkt. Findet die passenden Tiergeschichten-Texte.

 2. Erzählt von euren Haustieren. Stellt Fragen, wenn ihr mehr über ein Tier erfahren wollt. Lest im Tierlexikon nach.

 3. Schreibe einen Steckbrief über dein Lieblingstier:
Name des Tieres
Wie sieht es aus?
Wo lebt es?
Was frisst es?
Wie viele Babys kann es bekommen?

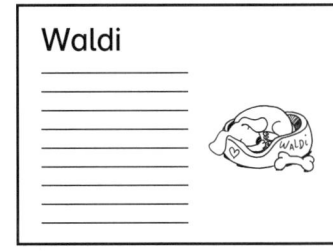

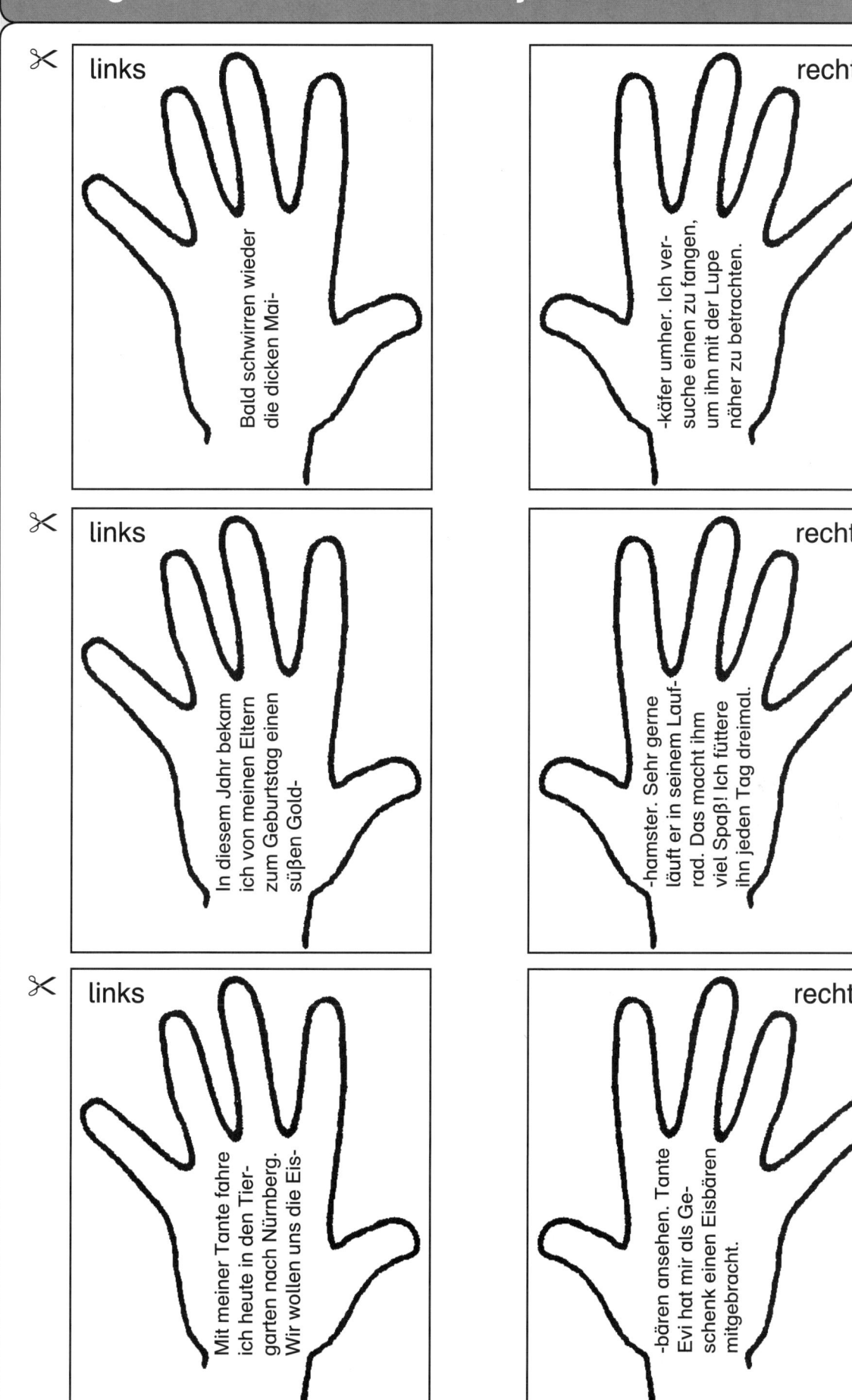

Tiergeschichten: Händememory

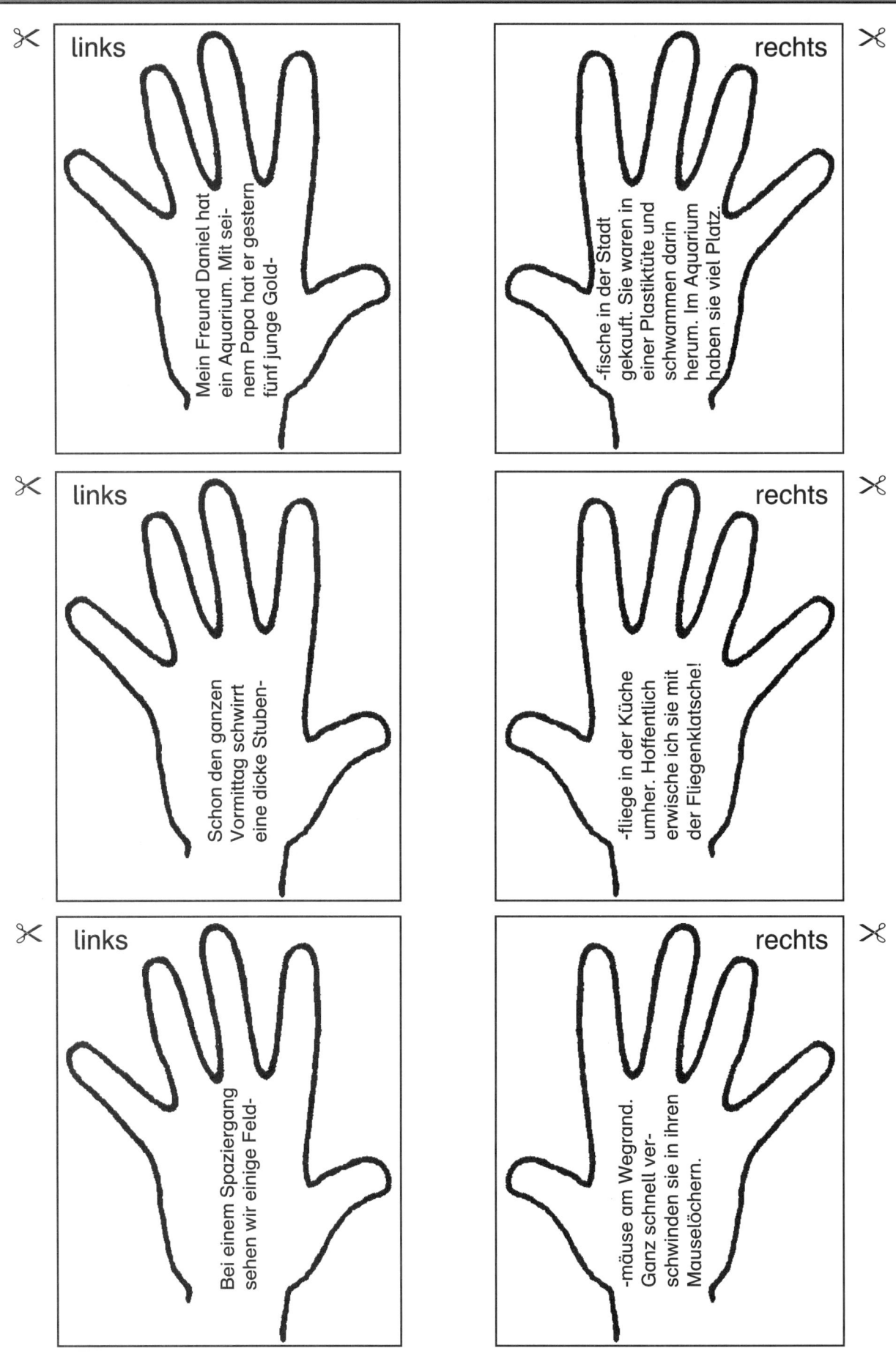

links — Mein Freund Daniel hat ein Aquarium. Mit seinem Papa hat er gestern fünf junge Gold-

rechts — -fische in der Stadt gekauft. Sie waren in einer Plastiktüte und schwammen darin herum. Im Aquarium haben sie viel Platz.

links — Schon den ganzen Vormittag schwirrt eine dicke Stuben-

rechts — -fliege in der Küche umher. Hoffentlich erwische ich sie mit der Fliegenklatsche!

links — Bei einem Spaziergang sehen wir einige Feld-

rechts — -mäuse am Wegrand. Ganz schnell verschwinden sie in ihren Mauselöchern.

Tiergeschichten: Händememory

links — In einer Höhle in Pottenstein gibt es Fleder-

rechts — -mäuse. Sie hängen ganz unbeweglich an den Decken. Nur in der Nacht fliegen sie herum.

links — Im Urlaub konnten wir mehrere Tinten-

rechts — -fische im Meer ansehen. Es war sehr spannend.

links — Vor vier Wochen haben wir uns aus dem Tierheim einen jungen Schäfer-

rechts — -hund geholt. Er ist ganz zutraulich. Jeden Tag mache ich mit ihm einen Spaziergang.

Lesefertigkeit / Freies Schreiben
Monatsgeschichten

Förderziele
- Schüler sollen ihre Lesekompetenz verbessern und lernen, eigene Text zu schreiben.
- Schüler sollen durch das Ausmalen der Rahmen und Schreiben der Geschichten ihre Feinmotorik verbessern.

Material
- KV 87–98, S. 133–144
- Linierte Blätter zum Freien Schreiben
- Buntstifte
- Bleistift

Vorarbeit des Lehrers / Erarbeitung durch die Kinder
Die KV 87–98, S. 133–144 für jedes Kind kopieren. Stellen Sie auch linierte Blätter für eigene Geschichten der Kinder zur Verfügung.

K 39 **Monatsgeschichten**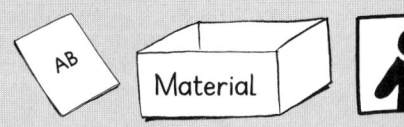

1. Lies die Geschichte leise, dann laut durch. Achte auf die Betonung.
   Male den Rahmen bunt an.

2. Was hast du in diesem Monat erlebt? Schreibe eine eigene Geschichte.

3. Male ein Bild zu deiner Geschichte.

Geschichte zu jedem Monat

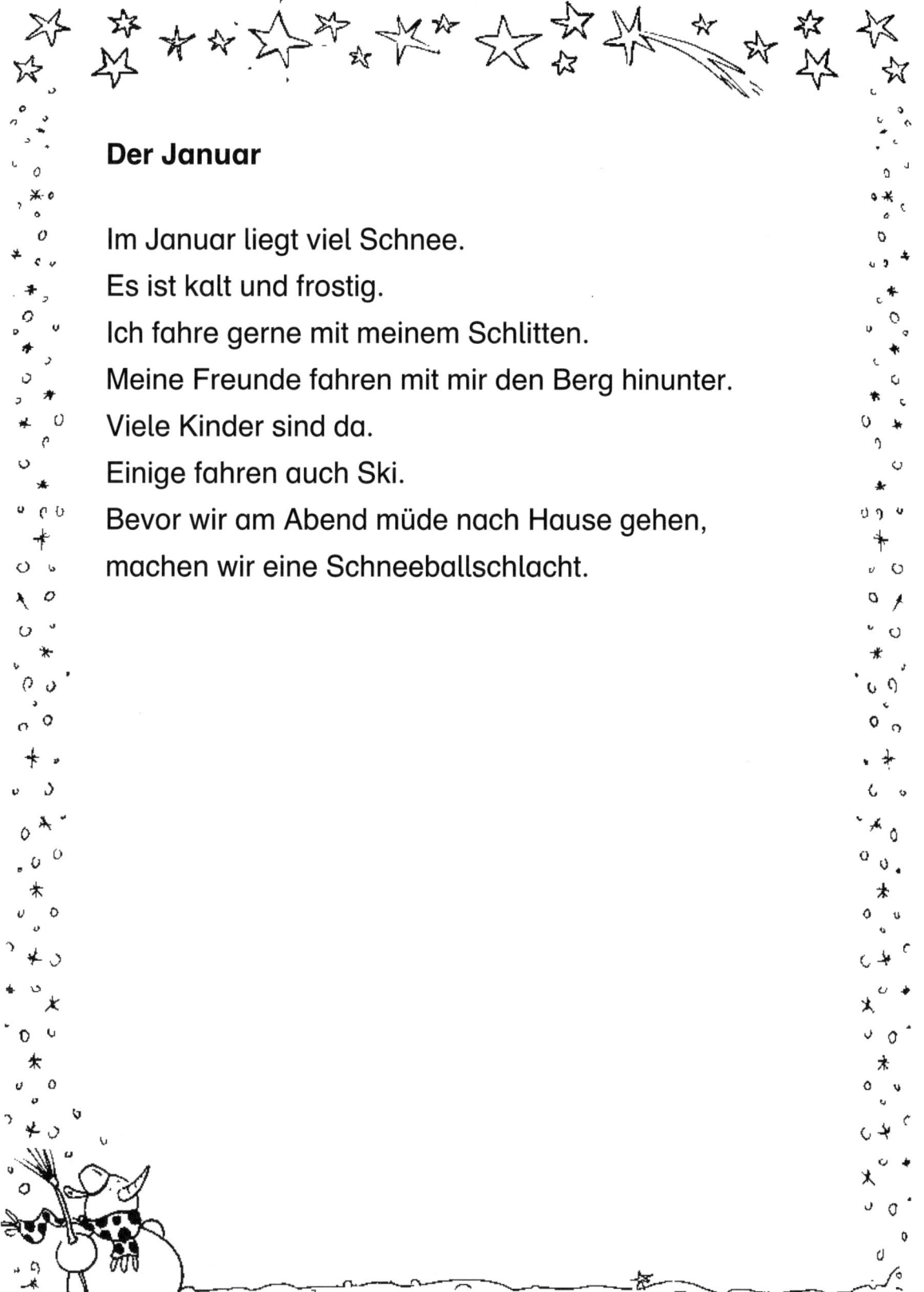

Der Januar

Im Januar liegt viel Schnee.
Es ist kalt und frostig.
Ich fahre gerne mit meinem Schlitten.
Meine Freunde fahren mit mir den Berg hinunter.
Viele Kinder sind da.
Einige fahren auch Ski.
Bevor wir am Abend müde nach Hause gehen,
machen wir eine Schneeballschlacht.

Lies die Januargeschichte und male den Rahmen an. Schreibe eine eigene Geschichte zum Januar auf.

Geschichte zu jedem Monat

Der Februar

Im Februar kaufe ich mir ein tolles Faschingskostüm.
Ich gehe als Indianer zum Faschingsfest.
Meine Schwester Lisa geht als Prinzessin.
Mama und Papa verkleiden sich als Clowns.
Sie lachen, als sie uns sehen.
Wir haben leckere Krapfen gebacken.
In zwei Krapfen ist Senf.
Wer wird die wohl bekommen?

Lies die Februargeschichte und male den Rahmen bunt an. Schreibe eine eigene Geschichte zum Februar.

Geschichte zu jedem Monat

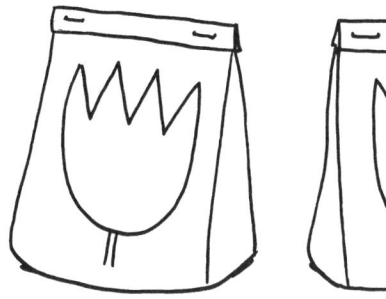

Der März

Der März bringt wieder mehr Sonne.
Es wird wärmer.
Die ersten Blumen blühen im Garten:
Tulpen, Narzissen, Hyazinthen, Krokusse.
Ich spiele draußen mit dem Ball.
Jetzt muss ich mich nicht mehr so warm anziehen.
Opa richtet mit mir mein Fahrrad her.
Danach fahre ich zu meinem Freund Leo.

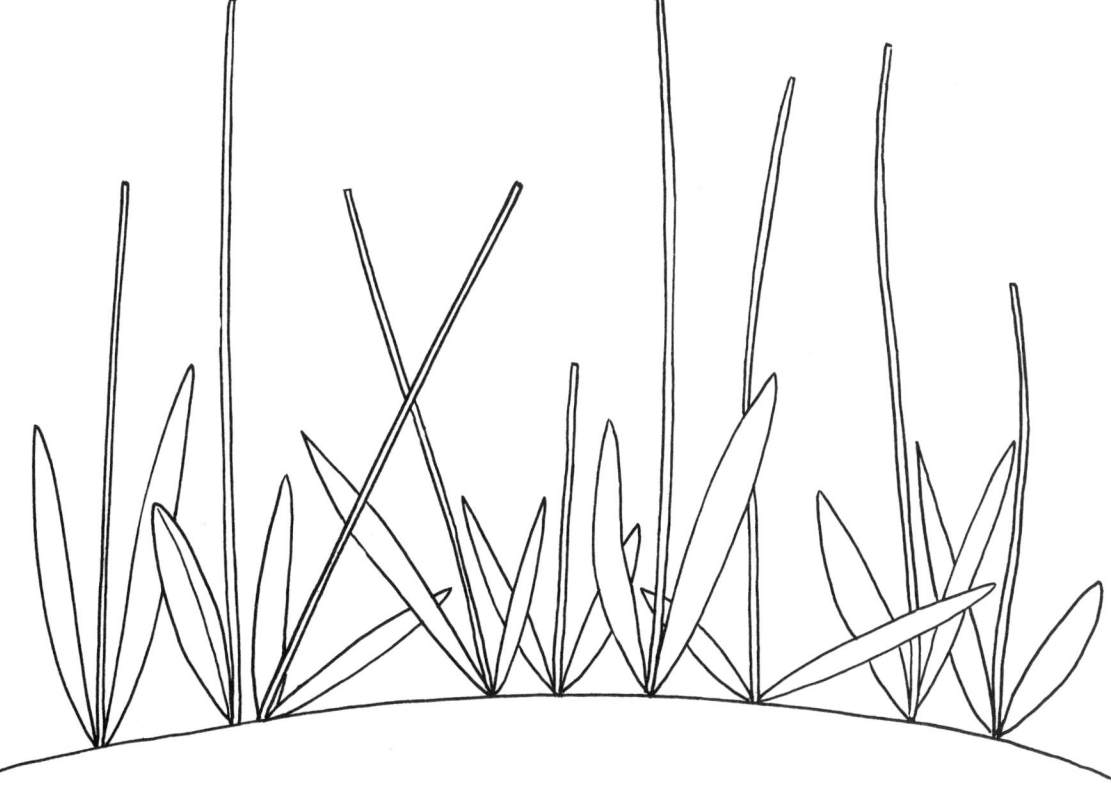

Lies die Märzgeschichte und male die Tulpen in verschiedenen Farben aus.
Schreibe eine eigene Geschichte zum März.

Geschichte zu jedem Monat

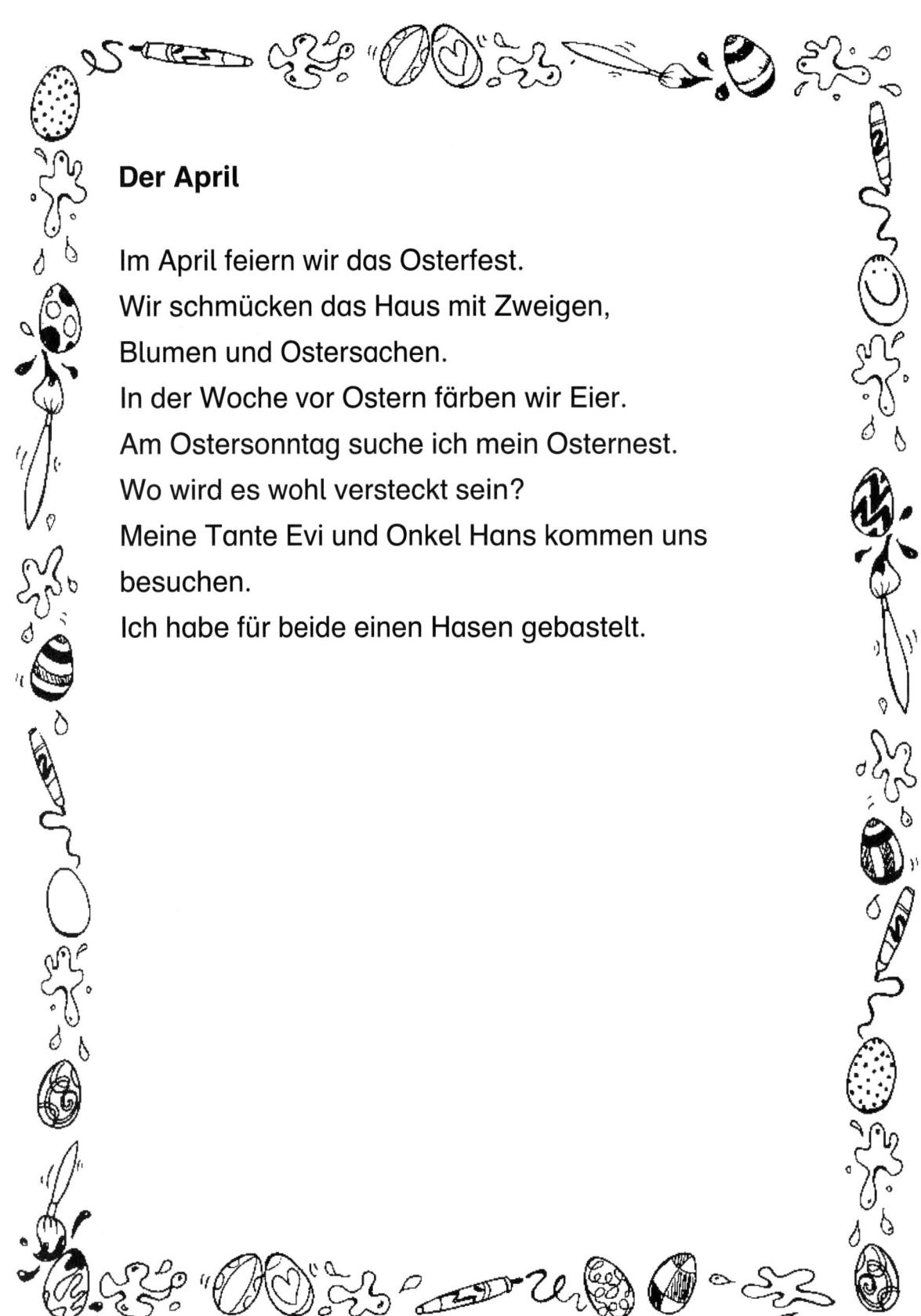

Der April

Im April feiern wir das Osterfest.
Wir schmücken das Haus mit Zweigen,
Blumen und Ostersachen.
In der Woche vor Ostern färben wir Eier.
Am Ostersonntag suche ich mein Osternest.
Wo wird es wohl versteckt sein?
Meine Tante Evi und Onkel Hans kommen uns besuchen.
Ich habe für beide einen Hasen gebastelt.

Lies die Aprilgeschichte und male den Rahmen aus. Schreibe eine eigene Geschichte zum April.

Geschichte zu jedem Monat

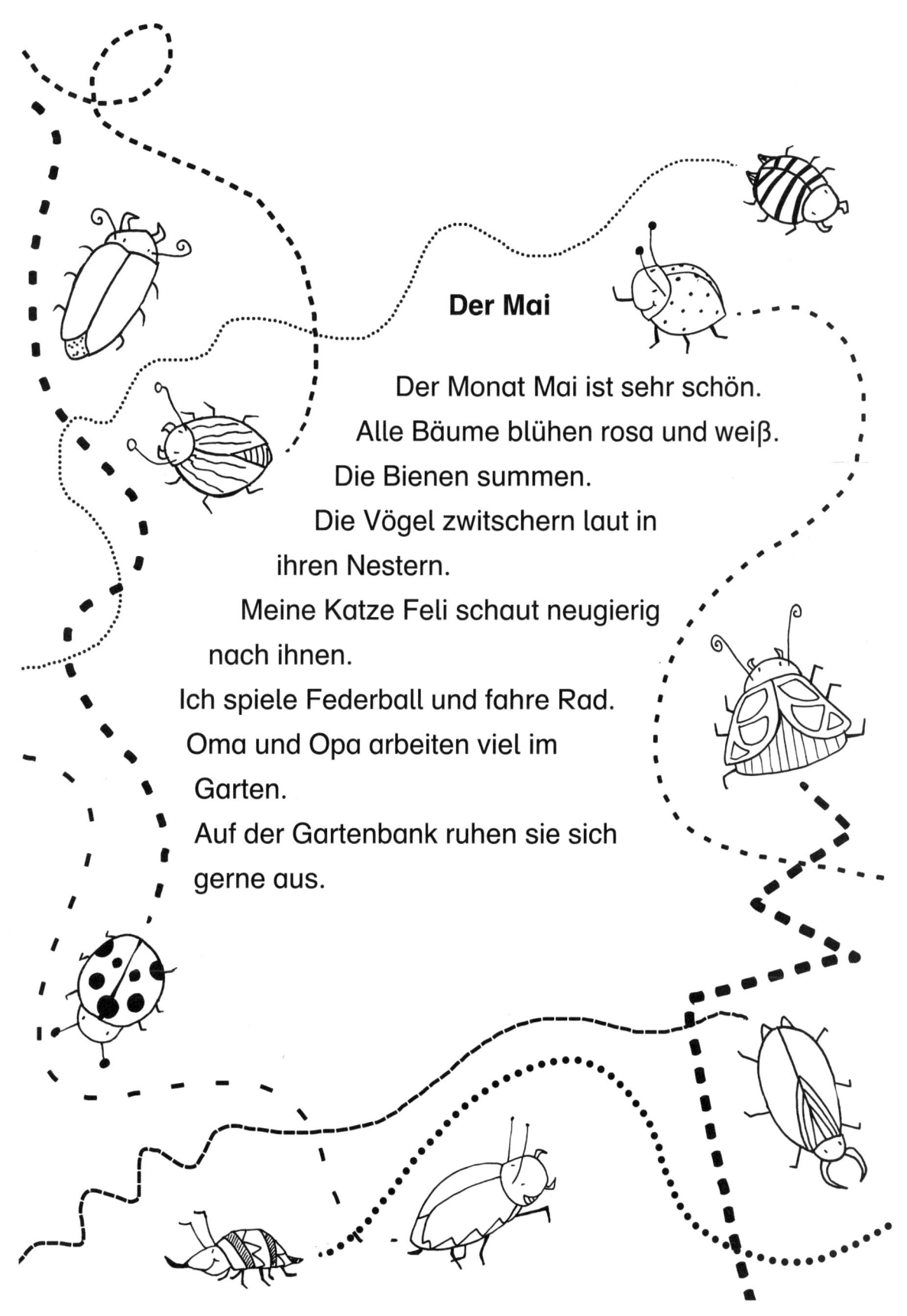

Der Mai

Der Monat Mai ist sehr schön.
Alle Bäume blühen rosa und weiß.
Die Bienen summen.
Die Vögel zwitschern laut in ihren Nestern.
Meine Katze Feli schaut neugierig nach ihnen.
Ich spiele Federball und fahre Rad.
Oma und Opa arbeiten viel im Garten.
Auf der Gartenbank ruhen sie sich gerne aus.

Lies die Maigeschichte und male die Käfer aus. Schreibe eine eigene Geschichte zum Mai.

Geschichte zu jedem Monat

Der Juni

Hurra! Endlich kann ich zum Baden gehen!
Meine Freunde Max und Trixi gehen mit.
Wir packen Decken und unsere Badesachen ein.
Mama gibt uns Salamibrote und Mineralwasser mit.
Vom Baden bekommen wir großen Hunger.
Im Schwimmbad treffen wir Tante Evi.
Sie lädt uns zu einem Eis ein.
Das war ein schöner Tag!

Lies die Junigeschichte und male das Bild aus. Schreibe eine eigene Geschichte zum Juni.

Geschichte zu jedem Monat

Der Juli

Im Monat Juli scheint die Sonne stark.
Ich bin viel im Freien.
Mit meinen Freunden spiele ich Verstecken.
Am Wochenende fahren Papa und Mama mit mir an einen See.
Dort baden wir und fahren Boot.
Mein Cousin Paul hat im Juli Geburtstag.
Ich bin zu seiner Geburtstagsfeier eingeladen.

Lies die Juligeschichte und male den Rahmen aus. Schreibe eine eigene Geschichte zum Juli.

Geschichte zu jedem Monat

Der August

Im August sind Ferien.
Viele Menschen fahren in den Urlaub.
Meine Eltern planen eine Reise nach Spanien.
Meine Schwester Lisa und ich freuen uns sehr darauf.
Wir sind ganz aufgeregt, weil wir mit dem Flugzeug fliegen.
Tante Evi und Onkel Hans fahren mit dem Zug an die Nordsee.
Opa und Oma bleiben zu Hause.
Sie kümmern sich um meine Katze Feli und unseren Papagei Kiri.

Lies die Augustgeschichte und male das Bild aus. Schreibe eine eigene Geschichte zum August.

Geschichte zu jedem Monat

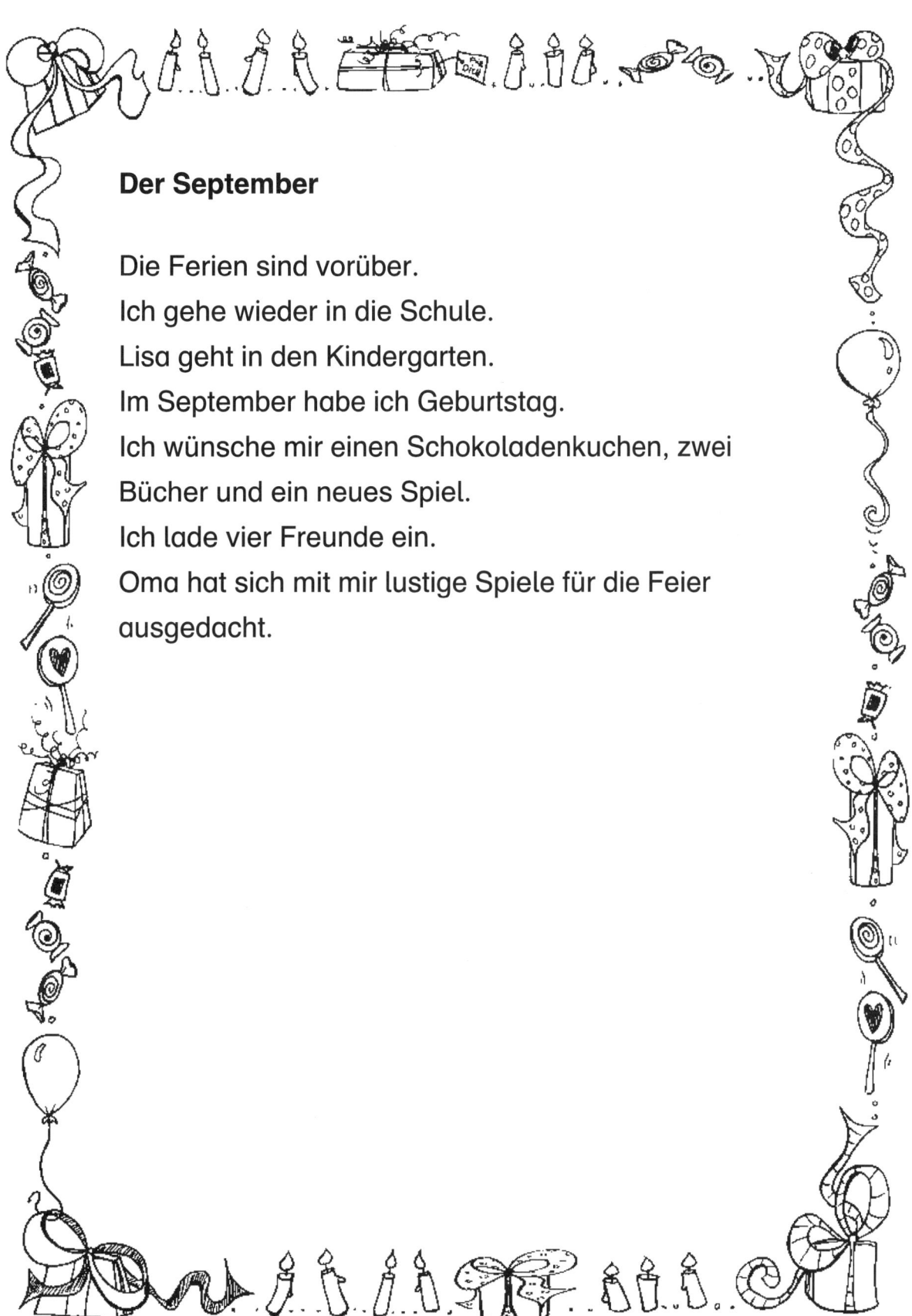

Der September

Die Ferien sind vorüber.
Ich gehe wieder in die Schule.
Lisa geht in den Kindergarten.
Im September habe ich Geburtstag.
Ich wünsche mir einen Schokoladenkuchen, zwei Bücher und ein neues Spiel.
Ich lade vier Freunde ein.
Oma hat sich mit mir lustige Spiele für die Feier ausgedacht.

Lies die Septembergeschichte vom Geburtstag und male den Rahmen bunt an.
Du kannst auch eine eigene Geschichte zum September schreiben.

Geschichte zu jedem Monat

Der Oktober

„Der Oktober ist bunt", sagt mein Opa.
Die Sonne scheint am Tag oft noch warm.
Nachts wird es schon kühl.
Die Blätter färben sich rot, gelb und braun.
Bald fallen sie zu Boden.
Wir sammeln bunte Blätter für die Schule.
Ich klebe daraus ein Herbstbild.
Meine Schwester Lisa sammelt Kastanien.
Sie bastelt im Kindergarten daraus ein tolles Kastanienmännchen.

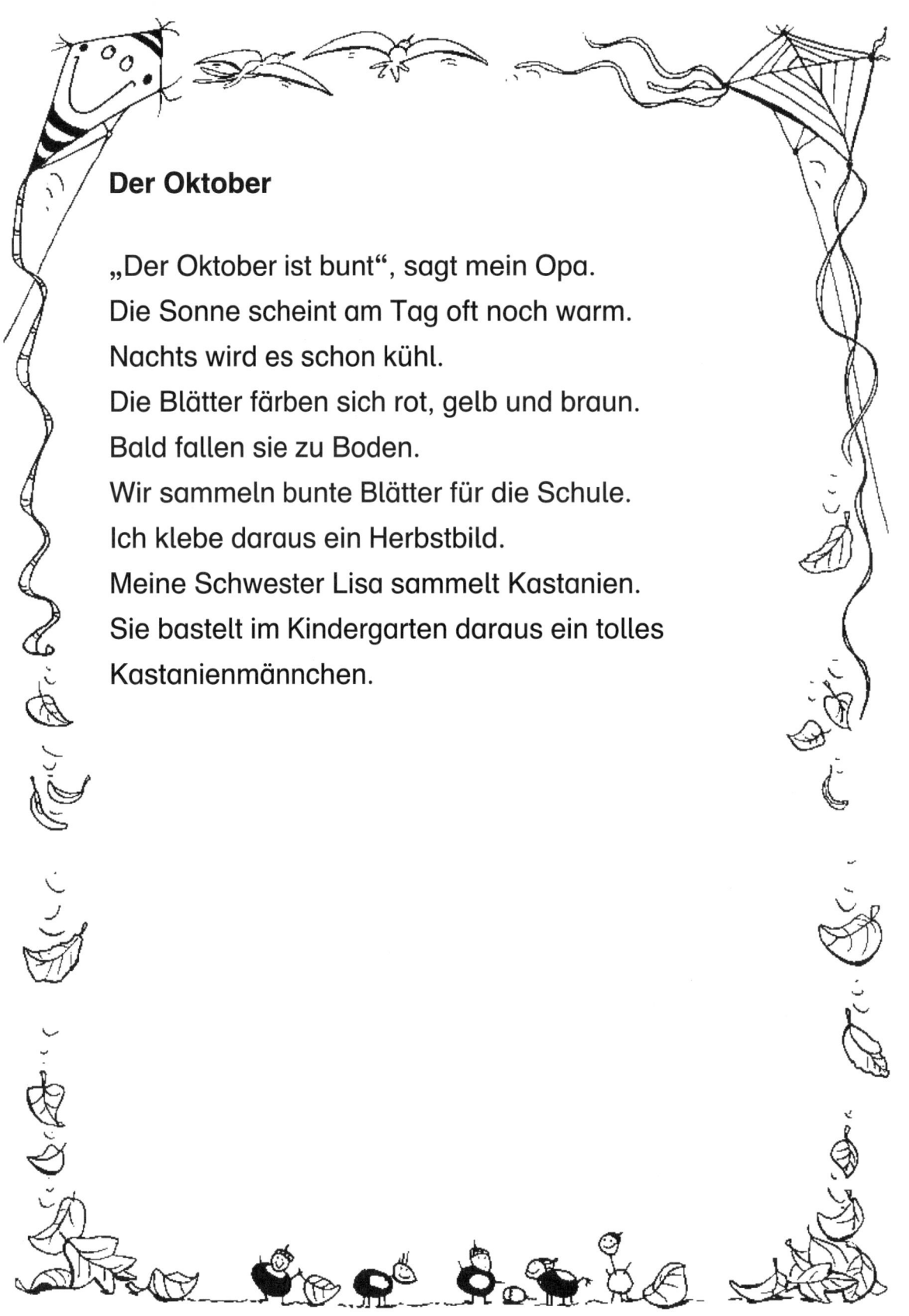

Lies die Oktobergeschichte und male den Rahmen an. Schreibe eine eigene Geschichte zum Oktober.

Geschichte zu jedem Monat

Der November

Im November gibt es viel Nebel und Regen.
Die Luft ist feucht und kalt.
In der Schule machen wir einen Laternenumzug.
Ich ziehe dazu den roten Anorak, warme Hosen und feste Stiefel an.
Nach der Schule spiele ich in meinem Zimmer.
Manchmal mache ich es mir auf meinem blauen Sofa bequem und höre Musik.
Am Abend spiele ich mit Lisa Memory, Domino oder Quartett.

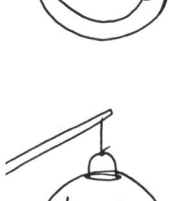

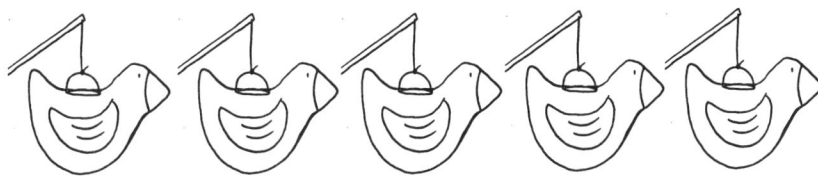

Lies die Novembergeschichte und male die Laternen für den Laternenumzug an.
Schreibe eine eigene Geschichte zum November.

Geschichte zu jedem Monat

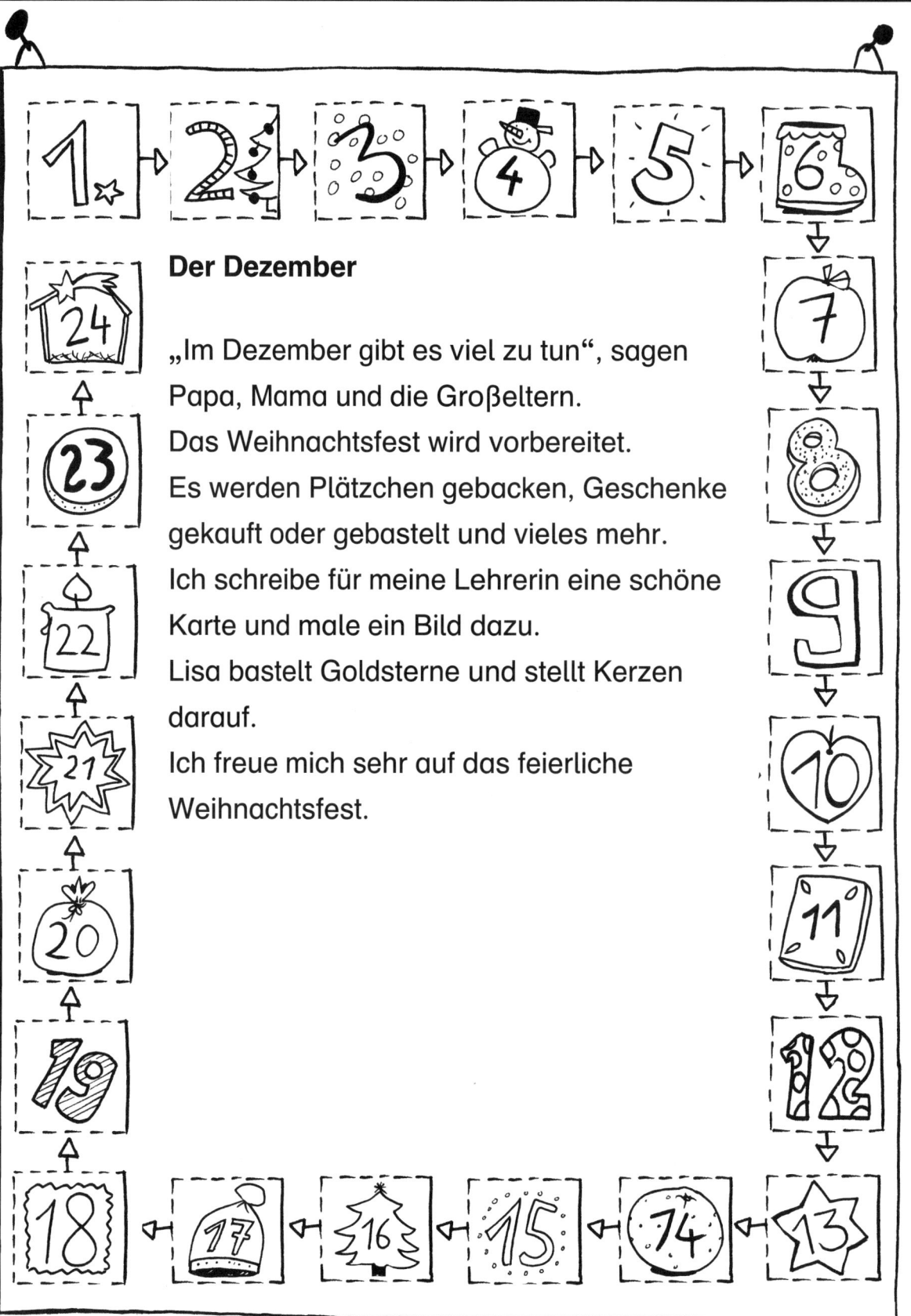

Der Dezember

„Im Dezember gibt es viel zu tun", sagen Papa, Mama und die Großeltern.
Das Weihnachtsfest wird vorbereitet.
Es werden Plätzchen gebacken, Geschenke gekauft oder gebastelt und vieles mehr.
Ich schreibe für meine Lehrerin eine schöne Karte und male ein Bild dazu.
Lisa bastelt Goldsterne und stellt Kerzen darauf.
Ich freue mich sehr auf das feierliche Weihnachtsfest.

Lies die Dezembergeschichte, male die Kästchen aus oder gestalte ein eigenes Adventsbild. Du kannst auch eine eigene Geschichte zum Dezember schreiben.

Lösungen

KV 3, S. 14: Der 5. Weg führt Drache Kuno zur Geburtstagsfeier von Zwerg Bert.

KV 4, S. 15:

KV 5, S. 17: A (7), B (6), K (8), L (6), M (6), N (5), O (12), P (7), S (5), U (5)

KV 6, S. 19: P (6), A (6), S (5), M (5), E (7), H (7), L (6), G (6), R (5), K (7)

KV 11, S. 27:
1. Reise
2. Messer
3. Bücher
4. Matrosen
5. Eistüte
6. Käsebrote
7. Weihnachten
8. Marzipan
9. Wurstsalat
10. Federball
11. Silber
12. Kerze
13. Hasen
14. Hüte
15. Nase
16. Schneeball
17. Torte, Pfannkuchen
18. Messer und Gabeln
19. Schultasche

KV 14, S. 32:
Himbeertorte
Kartoffelauflauf
Schokoladenkuchen
Gemüseeintopf
Zitronenlimonade
Pilzpfannkuchen
Sahnetorte
Obstsalat

KV 21, S. 42:
Kein Kleid ohne Knopf,
kein Deckel ohne Topf.

Kein Zimmer ohne Tisch,
kein Meer ohne Fisch.

Kein Essen ohne Gabel,
kein Vogel ohne Schnabel.

Keine Küche ohne Töpfe,
kein Vogel ohne Schnabel.

Kein Dorf ohne Haus,
kein Speck ohne Maus.

Keine Taube ohne Flug,
keine Schiene ohne Zug.

Kein Regal ohne Brett,
kein Schlafzimmer ohne Bett.

Kein Bart ohne Haar,
keine Hochzeit ohne Paar.

Kein Eskimo ohne Eis,
kein Chinese ohne Reis.

Kein Sommer ohne Klee,
kein Winter ohne Schnee.

Kein Ast ohne Zweig,
kein Kuchen ohne Teig.

Kein Garten ohne Pflanzen,
kein Schulkind ohne Ranzen.

Kein Bahnhof ohne Schienen,
kein Imker ohne Bienen.

Kein Vogel ohne Wurm,
keine Kirche ohne Turm.

Kein Haus ohne Dach,
kein Schrank ohne Fach.

Lösungen

Kein Salat ohne Schüssel,
kein Elefant ohne Rüssel.

Kein Ball ohne Luft,
keine Blume ohne Duft.

Kein Wetter ohne Wind,
Kein Bauer ohne Rind.

Kein Arm ohne Hand,
kein Spielplatz ohne Sand.

Kein Schneider ohne Faden,
kein Verkäufer ohne Laden.

Kein Haar ohne Kamm,
keine Tafel ohne Schwamm.

Keine Blume ohne Blüte,
keine Damen ohne Hüte.

KV 22, S. 44:
Federmäppchen
Computer
Pinsel
Lineale
Spitzer
Filzstifte
Radiergummi
Bleistifte

KV 23, S. 45:
Teddybär
Puppe
Rennbahn
Kreisel
Fußball
Spielzeugautos
Stofftier
Roboter
Bausteine

KV 24, S. 46:
Birne
Orange
Kohlrabi
Lauch
Ananas
Kartoffel
Äpfel
Kürbis
Kirsche
Salat
Weintraube

KV 27, S. 50:

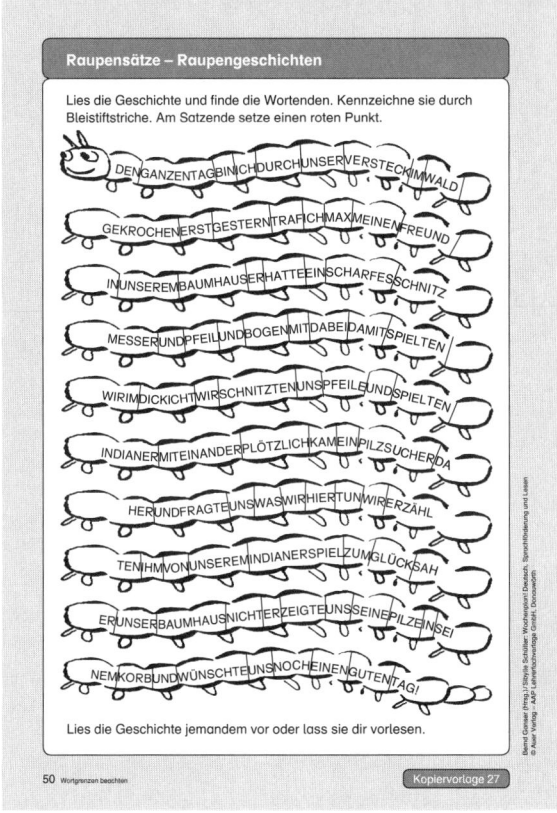

KV 28, S. 52:

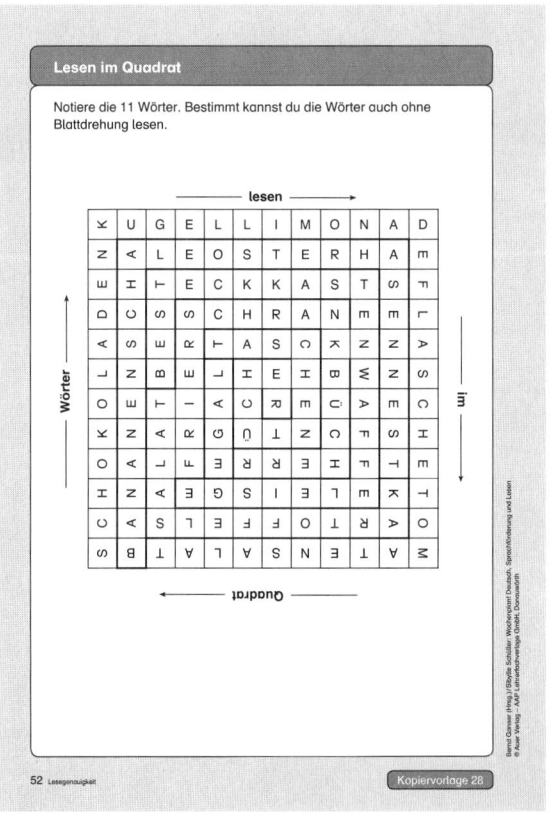

Lösungen

KV 29, S. 53:

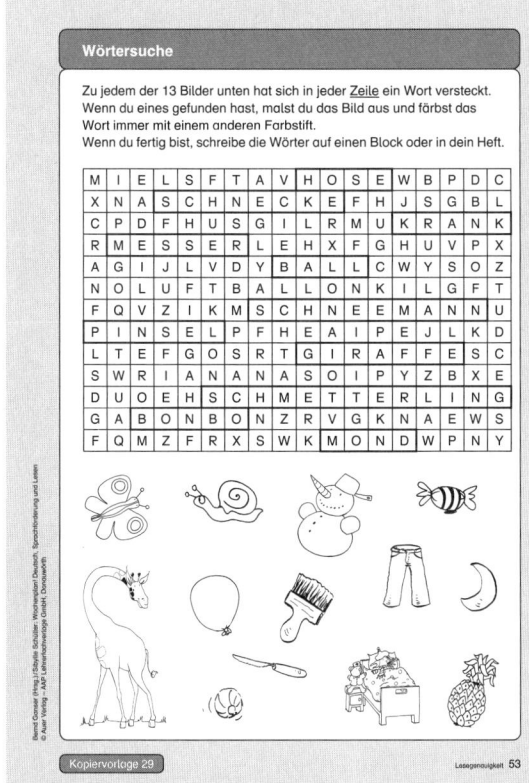

KV 30, S. 54:

KV 31, S. 56:
Wie viele Kleidungsstücke entdeckst du?
Antwort: 30
Wie viele Tiere entdeckst du?
Antwort: 49

KV 35, S. 62:
- Nagelfeile
- Winterstiefel
- Musikheft
- Froschteich
- Stuhlbein
- Katzenschwanz
- Schwalbennest
- Himmelbett
- Kirschtorte
- Messergriff
- Schaukelstuhl
- Wurstpelle
- Fensterbrett
- Wolkenbruch
- Motorrad
- Nussschale
- Mülltonne
- Wolkenbruch
- Flugzeug
- Kochtopf
- Zahnrad
- Vogelbein
- Dachziegel
- Stacheltier
- Hausschuh
- Dachgarten
- Gartenschlauch
- Schranktür
- Kinderschaukel
- Deckenleuchte
- Dachfenster
- Blinddarm

KV 80, S. 122:
Rauchwolke, Buntwäsche, Goldkrone, Silberkette, Buntspecht, Rührei, Brathering, Sparschwein, Braunbär, Weißwäsche, Frechdachs, Bösewicht, Dickkopf, Edelmetall, Singvogel, Dreckspatz, Trotzkopf, Goldring, Faulpelz, Angsthase, Raubkatze, Wachhund, Sauerteig, Fressnapf

Auer empfiehlt

Die optimale Ergänzung zu diesem Buch:

88 S., DIN A4
▶ Best-Nr. 03163

Wiltrud Zimmermann

Das 1 x 1 in Wochenplänen
Arbeitsblätter für das 2. Schuljahr

▶ Selbstständig das Einmaleins erarbeiten und die eigenen Leistungen kontrollieren!

Mit den Plänen dieses beliebten Buchs erarbeiten sich die Kinder selbstständig das Einmaleins. Dabei können sie in ihrem individuellen Tempo voranschreiten und sich selbst kontrollieren. Die Einheit für jede Einmaleinsreihe umfasst fünf bis acht Unterrichtsstunden, an deren Ende jeweils eine ausgearbeitete Lernzielkontrolle steht.

Die in der Praxis vielfach bewährten Pläne stellen ein hochmotivierendes Arbeitsmittel dar und führen schnell zum Lernerfolg. Das Material ist lehrbuchunabhängig einsetzbar.

Der Band enthält:
▶ Arbeitsblätter als Kopiervorlagen zur Einführung in die Multiplikation und Division sowie zu allen Einmaleinsreihen
▶ Kopiervorlagen zu Lernzielkontrollen in zwei Varianten

WWW.AUER-VERLAG.DE
WEBSERVICE

www.auer-verlag.de/go/3163

Diesen Service bieten wir Ihnen zu beworbenem Titel bei uns im Internet:

Blättern im Buch

Leseprobe

Bestellschein (bitte kopieren und faxen/senden)

Ja, bitte senden Sie mir gegen Rechnung:

Anzahl	Best.-Nr.	Kurztitel
	03163	Das 1 x 1 in Wochenplänen

☐ Ja, ich möchte per E-Mail über Neuerscheinungen und wichtige Termine informiert werden.

_____
E-Mail-Adresse

*Der E-Mail-Newsletter ist kostenlos und kann jederzeit abbestellt werden. Ihre Daten werden im Rahmen der gesetzlichen Vorschriften geschützt.
Nähere Informationen zum Datenschutz finden Sie unter:
www.auer-verlag.de/go/daten

Auer Verlag
Postfach 1152
86609 Donauwörth

Fax: 09 06 / 73-178
oder einfach anrufen:
Tel.: 09 06 / 73-240
(Mo-Do 8:00-16:00 & Fr 8:00-13:00)
E-Mail: info@auer-verlag.de

Aktionsnummer: 9066

Absender:

_____
Vorname, Nachname

_____
Straße, Hausnummer

_____
PLZ, Ort

_____
Datum, Unterschrift